城市可持续发展研究系列丛书

U0663123

基于生态准则的城市形态可持续发展研究

——以成都为例

陈 岚 著

东南大学出版社
SOUTHEAST UNIVERSITY PRESS
·南京·

内 容 提 要

　　本书在借鉴国内外相关最新研究成果的基础上，试图为读者提供较为系统和综合的城市形态可持续发展专业知识。本书结合作者多年研究城市形态的体会和认知，从城市形态的动态性出发，综合运用生态学、形态学、人文社会学等多学科理论以及相关的比较分析法、计量法、归纳法、假设演绎法、三维空间虚拟等方法，初步建立起有关城市形态分析的理论框架与科学评价体系，并确定生态可持续发展的目标，提出基于生态准则的未来城市形态发展策略。

　　本书理论与方法并重，适合高等院校城市规划学、建筑学等专业高年级本科生、研究生、教师和相关领域的专业人士阅读。

图书在版编目(CIP)数据

　　基于生态准则的城市形态可持续发展研究：以成都
为例/陈岚著. —南京：东南大学出版社，2016.12
　　（城市可持续发展研究系列丛书）
　　ISBN 978-7-5641-6885-8

　　Ⅰ.①基… Ⅱ.①陈… Ⅲ.①城市经济-可持续发
展-研究-中国 Ⅳ.①F299.2

　　中国版本图书馆 CIP 数据核字(2016)第 300442 号

书　　名：基于生态准则的城市形态可持续发展研究——以成都为例
著　　者：陈　岚
责任编辑：宋华莉
编辑邮箱：52145104@qq.com
出版发行：东南大学出版社
出 版 人：江建中
社　　址：南京市四牌楼 2 号(210096)
网　　址：http://www.seupress.com
印　　刷：江苏扬中印刷有限公司
开　　本：700 mm×1 000 mm　1/16　印张：12.25　字数：210 千字
版 印 次：2016 年 12 月第 1 版　2016 年 12 月第 1 次印刷
书　　号：ISBN 978-7-5641-6885-8
定　　价：46.00 元
经　　销：全国各地新华书店
发行热线：025-83790519　83791830
本社图书若有印装质量问题，请直接与营销部联系。电话(传真)：025-83791830

前　言

作为人口与产业的集聚地,城市及其形态的发展体现了一种独特的历史进程。工业文明促进了新城市功能的产生,从而使城市形态发生相应变化。然而,基础设施建设与城市科学化管理缺乏同步发展等因素,造成城市空间形态与功能布局的无序发展,出现一些工业区选址缺乏合理性,城市空间拓展方向不恰当,无视原有的城市肌理而生硬采用规整无变化的"棋盘式"格局进行城市扩张等等现象,致使原有的城市形态的有机性遭到破坏。

近些年来,笔者对城市形态的可持续发展非常关注,做了一些基础性分析工作,现集中成书,以飨读者。

本书对城市形态的概念与特征进行了系统性总结,归纳了当前国内外先进的城市发展理念与实践经验;并立足自然与社会环境,分析城市形态演变的生态进程及其演变规律和动力机制;继而,运用不同的计量方法计算城市形态的紧凑度,分析空间发展制约,动态掌握空间形态扩展趋势,比较研究几种典型形态发展模式的优劣,以探讨城市形态模式的合理性选择。另外,尝试初步确立城市形态可持续性评价的指标体系,以成都城市形态的发展为实证,运用数理统计法进行计算分析,对城市形态的可持续发展能力作综合评价,并确定生态可持续发展的目标,对城市未来的用地与人口规模进行假设和演绎,以期建立科学的城市形态发展模型,并在此基础上提出基于生态准则的城市形态可持续发展规划策略。

希望本书的成果能为现代平原城市的形态发展提供一定的借鉴和

思路。同时,由于笔者知识结构的局限,难以做到精专,错误疏漏在所难免,准确说来,可将本书看做是笔者对我国城市形态可持续发展进行学习的一些心得体会,希望能为研究同类课题的读者们提供一点有用的参考。

陈　岚

2016 年 10 月

目　录

2.3.4　生态规划

1 绪 论

1.1 研究背景与意义

作为人口与产业的集聚地,城市及其形态的发展体现了一种独特的历史进程。从农业社会宜人美丽的城镇环境塑造,到工业社会的飞跃发展,目前世界城市正处于步入"后工业社会"的转型期。在此过程中,城市跳跃式地发生着巨变,城市数量和规模不断扩大,并经历着生命周期般的演变过程。可以说,城市包含了人类的社会生活以及各类经济活动,它是生产力发展的助推器和必然条件,并且,这种作用力随着城市规模的扩大,就越趋明显。

当然,城市发展同样也不可避免地产生了诸多的城市问题,包括城市形态方面的问题。这些问题的存在在很大程度上破坏了人们赖以生存的自然环境,同时也成为社会、经济可持续发展的约束力。

1.1.1 城市化的加速发展

工业革命的浪潮推动了世界范围的城市化。21 世纪,是城市的世纪,也是全球城市化的世纪。城市化是人口和土地由农村向城市集中的转化现象。城镇是不断集聚人口、资源、财力的连续发展的社会和经济过程,它是社会经济发展的必然结果,也是人性需求不断向高层次迈进的发展趋势。如今,城市化已成为我国城市发展的重要战略。

美国著名经济学家斯蒂格利茨指出,当代影响人类进程最主要的两件大事即为"中国的城市化"和"新技术革命"。当前,国内正处在城市化加速期,这种高速增长的趋势还会持续较长的时间。据《中国城市发展报告》(2014)显示,我国目前的城镇化率为 54.8%,预计到 2020 年中国城镇化率将超过 60%,到 2030 年将到达 70% 左右。

伴随城市用地的迅速扩张、人口规模的不断扩大,一些特大城市还将发展为区域范围内的城市群,甚至朝着世界大城市的发展目标前进。毋庸置疑,城市化发展带来了城市增长,为农村的剩余劳动力安置问题提供了解决途径,同时也促进了产业的大发展及产业结构的适应性调整,使得城市交通与基础设施建设等不断完善。城市化发展还深刻影响城市空间的形态构建,对于城市形态与结构的合理化发展是有效的促进。

1.1.2　城市发展的生态危机

由于城市化促进了人口、产业向城市高度集聚,城市规模急剧扩大,各种社会经济活动频繁。这使城市发展的"新陈代谢过程"即城市内部及其与外部区域之间的物质、能量、信息交换高强度地进行,从而使自然资源被不断消耗,各种生产、生活废物大量向城市的内外环境排泄,当今城市正陷入资源耗竭、生态环境不可持续的危机中。正如美国著名的城市理论家刘易斯·芒福德所认为的,工业社会的发达同时导致了城市发展的另一极端——对环境的超强度破坏,就如同"战场"般的无序和混乱。概括起来,城市的生态危机主要体现在以下几个方面:

(1) 土地资源方面。由于城市不断向外扩张,城镇的发展侵占了大量良田耕地,使原本植被丰富、渗透性强的土地被硬质地面和钢筋混凝土的"建筑森林"所覆盖,土地资源逐渐稀缺,人地矛盾越来越突出。

(2) 环境方面。生产生活产生的大量污染性排放物如工业废渣、废水、废气、生活污水与垃圾等不经处理就排放出来,对空气、土壤、植物、河流湖泊等造成严重污染,使城市居住环境质量大幅下降,随着 20 世纪 60 年代以来小汽车数量的急剧增加,对城市生态环境造成更加大的损害。这种情况在世界各国的大城市中尤为突出,如纽约、东京、北京等城市。

(3) 交通方面。城市人口的高度聚集,人流、车流交通快速增长,导致许多大城市的主次干道尤其是市中心道路的交通堵塞,商业中心区、人口密集度高的居住小区内的停车问题异常严峻。一些城市还在解决交通问题的同时滋生出更多的新问题。

(4) 城市形态方面。工业文明促进了新城市功能的产生,从而使城市形态发生相应变化。基础设施建设与管理决策水平等缺乏同步发展,结果造成城市空间形态与功能布局的无序发展。还出现一些工业区选址缺乏合理性,城市空间拓展方向不恰当;无视原有的城市肌理而生硬采用规整无变化的"棋盘式"格局进行城市扩张等等现象,致使原有城市形态的有机性遭到破坏。

城市化发展带来的这些严重后果逐渐危及人类的生存。20世纪60年代以来,城市生态危机受到了全球的重视,国际机构举行了多次相关会议来研讨城市化与环境问题,希望使环境破坏得到有效的控制与减少,从而维持地球的可持续发展[①]。事实上,有关城市的生态问题在更早时期已被认识,也产生了一些探寻问题根源及解决问题的城市规划思想和方法。然而,仍然无法遏制百年来世界工业化、城市化之路对环境的损害。我国也不例外,而且与西方发达国家的城市相比较,环境问题还更加严峻。因此,新世纪中国的城市形态要实现持续发展,根本之处还在于立足城市生态环境的角度去思考和探寻解决问题的途径。

1.1.3　研究的必要性

当前,各类城市问题并不是孤立存在的,生态危机已成为全球性的环境问题,且日益尖锐化。与此同时,众多的国内外相关专业人士逐渐认识到城市形态研究对于保持城市生态持续性的重要性,纷纷对城市形态未来的发展前景进行了不同角度和深度的研究与实践探索,因此,该课题的研究一直备受关注。

城市形态研究对于现代的城市规划和城市设计实践起着不可忽视的指导和辅助作用,其理论思想构成城市规划理论的重要部分。而基于生态准则的城市形态可持续发展更是一个全新的课题,关于这方面的研究在我国还处于起步和探索的阶段。研究的不足之处主要体现在如下几个方面[②]:(1)对于城市形态的概念,至今在学术界无统一的定论;(2)研究内容虽范围较广,包括城市的内部结构、外部形态、历史演变特点等多方面,但缺乏一定的系统性和深度,对城市形态相关理论与方法框架下的实践运用(主要是对个案的综合性分析研究)还有局限性;(3)城市形态演变的动力机制分析,多是对主要因素进行罗列式探讨,对综合作用机制方面缺乏一定的分析;(4)对城市形态可持续发展的趋势探索也较稀少,尤其是在生态视角下的城市形态发展研究更是缺乏,但在过去传统的发展模式下,对于城市形态、结构、功能的变化研究往往忽视环境生态保护和自然资源的节约利用等方面内容;(5)城市形态的数理分析与计量方法还有欠缺,需要不断完善和系统

---

① 邓述平.21世纪中国城镇发展需要研究的问题[J].规划师,1999(2):21.
② 部分参考:郑莘,林琳.1990年以来国内城市形态研究述评[J].城市规划,2002(7):59-64.

化,而且城市形态可持续发展评价的指标体系也有待建立。

由此可见,有必要将城市形态作为有重要意义的课题进行系统、科学和持续性的研究。在全球化、城市化、现代化、信息化和西部大开发等新的历史背景下,历史文化名城——成都正面临全新的发展机遇。作为中国西部的中心城市、高速发展的全国统筹城乡综合配套改革试验区(2007 年 6 月被国家批准设立),成都市的发展进程与建设经验一直以来都受到许多学者的关注。而迄今为止,有关成都城市形态的研究较为片面、分散,缺乏系统性和研究深度,对成都城市形态的演变研究不够,尤其体现在针对城市形态演变规律与动力机制、可持续性分析的研究极少,对于进入 21 世纪以来生态视角下的成都城市形态发展的特征、趋势与规划策略研究则更为缺乏。所以,成都城市形态可持续发展的系统研究已成为刻不容缓的任务,这对于我国尤其是西部地区的经济建设与城市发展有着重要的理论意义和实践意义。

(1)理论意义。城市形态随着城市发展的不断演变而趋于完善。研究城市形态有助于认识城市的形成、发展变化的动态特征以及城市的结构与形态现状特点,从而对城市有整体性的把握,提高对城市空间发展的预见性。因此,针对城市形态相关的理论研究与总结,具有实效性。然而,现阶段主要是分散于城市发展史、城市规划建设与城市设计、城市交通、城市文化与建筑特色等各方面的独立专项研究。2003 年成都有关规划部门组织了成都市城市空间发展战略研究,以及之后的走廊发展规划以及高密发展规划等。这些研究为进一步探讨成都城市形态的未来发展趋势奠定了坚实的基础,但尚未见到全面、深入的学术专著。同时,结合当代生态学理论与可持续发展理论研究成都城市形态的发展,可梳理成都城市形态的演变过程,把握城市发展的历史规律,以实现城市发展的科学定位,有利于建构城市形态分析的理论框架。

(2)实践意义。虽然有关城市形态的研究已有一定的积累,但各城市的发展均存在地域性特点,所以,进行城市的实证研究也就极为重要。进入 21 世纪,在全球新经济因素发展的背景下,成都城市的形态与结构正面临适应性的变化调整。另外,我国城市的环境、体制、基础条件等许多方面都与西方体系存在较大差别,因而不能完全照搬西方的先进理论,对于快速发展中的成都也是如此。成都城市形态的发展现已进入一个崭新的历史阶段,怎样解决经济高速增长下的城市问题?这是本书要思考和探索的课题。为了对今后成都城市的可持续发展研究提供一定的参考和借鉴,也源于解决城市生态危机的愿望,以及对当代文化趋同所导致的城市特色失落的深刻思考,本书把成都城市形态的可持续发展作为研究主题,对其进行深入的"样本性"探讨。通过对未来城市形态模式的合理性选择,科学地判断和预测其发展趋势,建构成都未来的城市形态模型,希望为城市形态的良性发展提供启发性的思考,这对当前成都市的规划与建设有积极的实践意义。

如今,城市在"可持续发展"中的作用及其战略思想,在社会中的普识度还很有限。我们应该树立全新的生态发展观,以人、社会与自然的和谐程度作为高于经济指数的城市发展水平衡量标准。本书以成都为个案进行探讨,希望从特殊现象中找寻普遍规律,为成都的未来探索一条和谐、生态、可持续发展的新城市之路。

1.2 研究内容

本书以成都城市形态的发展为实证研究对象,在借鉴国内外有关研究成果的基础上,从城市形态的流动性和时态性出发,并结合生态学的理论与方法,分析与总结成都城市形态的演变规律、特征及其影响因素,合理选择成都城市形态的发展模式,探索城市形态的未来发展趋势。本书主要研究内容如下:

(1)增加城市形态相关理论研究的广度与深度,不仅涵盖城市形态的概念、特征与构成要素的系统性归纳,国内外关于城市形态研究现状的总结,而且引入可持续发展的规划理论以及城市生态学、景观生态学、文化生态学等生态学理论,借鉴多学科的相关理论,提高分析问题的科学性和合理性。

(2)立足自然与社会环境,全面、系统地分析成都城市形态的生态进程、演变规律与特征,并剖析其变化的动力机制。

(3)分析成都城市形态模式的现状总体特征,比较研究几种典型形态发展模式的优劣,对成都城市形态的紧凑度与可持续性进行分析,综合评价其发展能力,探讨成都城市形态模式的合理性选择。

(4)借鉴当前国内外先进的城市发展理念与实践经验,探索城市未来的发展态势,建构未来成都的城市形态模型,并在此基础上提出基于生态准则的城市形态可持续发展的规划策略。这部分是本书要重点解决的问题。

1.3 研究方法

本书的研究方法是借助实证研究,在系统的理论框架下对城市形态发展的规律与模式进行深入的分析总结和探索,既有直观论述,又有因果解释,并在此基础之上对未来成都的城市形态发展进行启发性预测,这有着重要的方法论意义。本书的课题研究涉及面广且内容复杂,主要运用以下三类方法进行研究:

(1)理论研究。一方面收集国内外关于城市形态研究的基础性资料及新型理论成果与实践经验;另一方面查阅相关文史资料、著作、学位论文、学术期刊、年鉴、环境质量公报以及成都市规划部门相关文本资料等。并在此基础上,结合城市形态学、生态学、地理学、环境学、城市经济学、景观学、人文社会学、系统论、建筑学等多学科理论与方法,对文献资料进行分析研究,为成都城市形态的可持续性规划策略提供理论支撑。

(2)实地调研。对成都市尤其是研究内容涉及的重点地区进行实地调查,获得基础信息和城市空间形态的直观感受;向成都市相关规划管理与规划设计部门进行调研咨询和收集图形与数据信息;对有关专家和市民进行访谈,获取建议,充实资料。

(3)比较分析。对成都城市形态演变的动力机制及其变化状况进行对比分析;归纳与比较分析典型的城市形态模式及其可持续性;结合社会与经济相关数据及数理计量法对成都城市形态发展的生态可持续性进行分析与评价;通过图形与数据对比研究,采用假设与演绎法提出基于生态准则的未来城市形态模型。

1.4 研究框架

本书的研究框架如图 1-1。

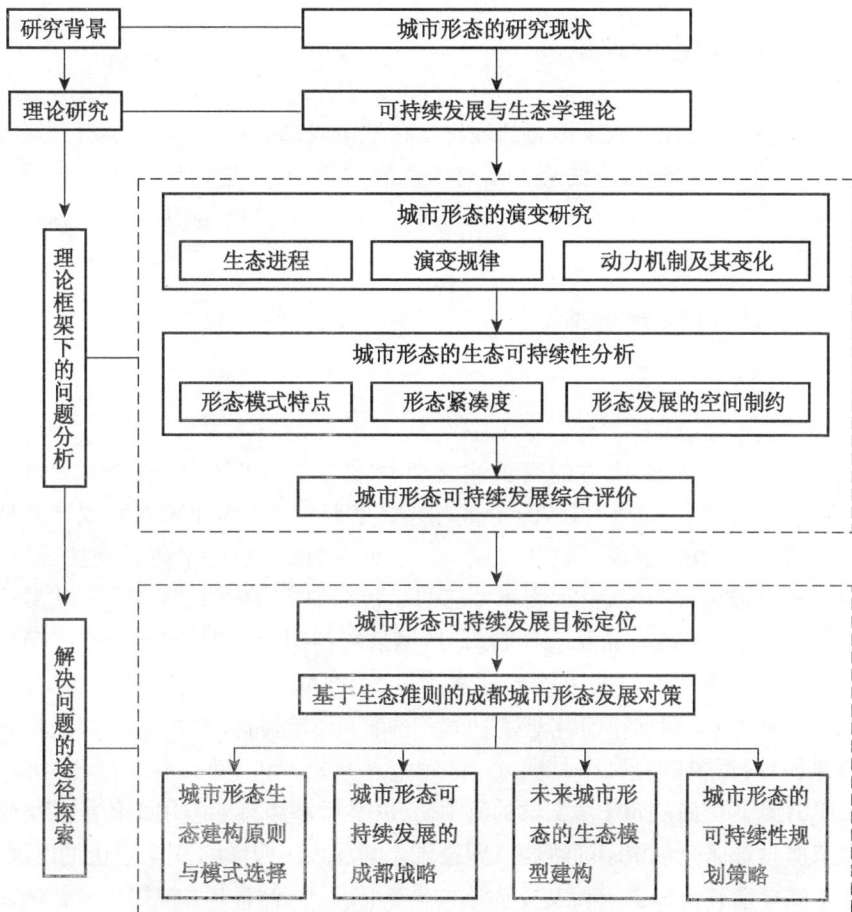

```
研究背景 ─────────→ 城市形态的研究现状

理论研究 ─────────→ 可持续发展与生态学理论
                            ↓
  ┌─────────────────────────────────────────────────┐
  │              城市形态的演变研究                    │
  │   生态进程    演变规律    动力机制及其变化        │
  │                    ↓                              │
  │          城市形态的生态可持续性分析               │
  │   形态模式特点   形态紧凑度   形态发展的空间制约  │
  │                    ↓                              │
  │          城市形态可持续发展综合评价               │
  └─────────────────────────────────────────────────┘

  ┌─────────────────────────────────────────────────┐
  │          城市形态可持续发展目标定位               │
  │     基于生态准则的成都城市形态发展对策            │
  │  城市形态生  城市形态可  未来城市形  城市形态的  │
  │  态建构原则  持续发展的  态的生态模  可持续性规  │
  │  与模式选择  成都战略    型建构      划策略      │
  └─────────────────────────────────────────────────┘
```

理论框架下的问题分析

解决问题的途径探索

图 1-1　研究框架图

（图片来源：笔者自绘.）

2　相关理论研究

2.1　城市形态的理论

如前所述,有关城市形态的理论已在城市规划、建筑学等多学科领域备受关注,但在其概念、方法等方面尚未达成共识,有关理论研究仍需要进一步完善与系统化。因此,这里有必要进行一个全面的论述,为后面课题研究的展开提供理论基础。

2.1.1　城市形态的概念

(1) 城市形态的概念研究

对城市形态的研究及认识,首先应从形态研究入手。形态(Morphological)理念来自于西方的古典主义哲学观和由此而生的经验主义哲学(Empiricism)。《辞海》(1979)中将"形态"解释为"形状和神态",或者是特定环境下事物的"表现形式"。《现代汉语词典》(2002)中又将其描述为"事物的形状或表现",或者"生物体外部的形状",抑或"词的内部变化形式"。

"形态学"(Morphology)的概念最早是由德国学者歌德(约 1800 年)提出的。Morphology(形态学)源于希腊语中的 Morphs(形式)和 Logos(逻辑)。"形态学"即是指研究上述"形态"内容的学问和科学[①],主要涉及形式与结构(或逻辑)关系。

"形态学"最初用于生物学的科学研究中,后被广泛地应用于传统历史学和人类学等研究领域。随着城市理论研究的深入以及学科交叉渗透的发展,形态的概念被地理学派和人文学派的学者引入,形态学方法被用来分析城市的社会与物质环境,于是衍生出"城市形态学",通常用"Urban Morphology"或者"Urban Form"作为英文表示[②]。由于不同学科与学者选取的角度和层面

---

① 《简明大不列颠百科全书》中将"形态学"解释为"研究词的内部结构的学说",或者"研究动植物的整体及其组成部分的外形和结构";《现代汉语词典》(2002)中又解释为"研究生物体外部的形状、内部构造及其变化的科学"。

② 谷凯. 城市形态的理论与方法——探索全面与理性的研究框架[J]. 城市规划,2001(12):36-41.

存在迥异性,因而被定义的城市形态概念也就存在一定程度的差别,其中既有狭义也有广义的认识。

以下归纳了主要的城市形态概念定义[①②]:

① 强调城市形态物质属性的概念

此处主要将关于城市形态概念较为相似的定义或内涵大致归为一类,以供比较和综合判断。从某种程度上说,这些概念可以作为相对"狭义"的理解,它们主要强调了城市的物质空间形态(表 2-1)。其中,武进对于城市形态的课题关注较早,其研究有一定的系统性。

表 2-1　对城市形态的不同定义(一)

学者	发表时间	对城市形态的定义
齐　康	1982 年	呈现于城市的不断发展演变中,包含各构成要素在空间上的布局形式与相互关系,表现出空间系统的特征[③]
武　进	1990 年	由城市内部结构形态与外显形态共同构成的"空间系统"[④]
林凌等	1993 年	城市的空间结构与形式,其内容主要涵盖市域内城镇体系布局、城市建设用地的内部形式与外部轮廓、建筑形态等方面[⑤]
王　宁	1996 年	反映为城市自然生长的历史进程中,地域实体要素的空间投影,并受到人文与地域环境的共同影响[⑥]
段　进	1999 年	"城市空间的深层结构和发展规律的显像特征"[⑦]
杨　哲	2005 年	城市构成要素的空间形式与结构,分为内在与外在两大形态层次
刘　捷	2004 年	体现了"价值取向"与城市构成诸要素相关联的统一、有序、动态的城市形式与结构

(表格来源:笔者根据相关文献绘制.)

② 强调城市形态物质与非物质属性的概念

此部分对于城市形态概念的归类是相对上一部分而言的,即相对的"广

---

① 主要参考:郑莘,林琳.1990 年以来国内城市形态研究述评[J].城市规划,2002(7):59-64.
② 主要参考:罗佩.深圳城市形态演进研究 [D].广州:中山大学,2007.
③ 齐康.城市环境规划设计与方法[M].北京:中国建筑工业出版社,1997.
④ 武进.中国城市形态:结构、特征及其演变[M].南京:江苏科学技术出版社,1990.
⑤ 林凌,陈永忠.城市百科辞典[M].北京:人民出版社,1993.
⑥ 王宁.组合型城市形态分析——以浙江省台州市为例[J].经济地理,1996(2):32-37.
⑦ 段进.城市空间发展论[M].南京:江苏科学技术出版社,2006.

义"理解,除了包含构成城市的实体组合形式以及城市用地在空间维度上所体现的几何特征以外,还表达出综合的社会、经济和文化内涵(表 2-2)。当然,各学者的出发点和内涵范畴还是略有差别的。比如,顾朝林是站在地理学角度进行的研究,王农则立足于文化视野,而波纳的定义则体现了一种系统化的思想。总的说来,有关城市形态概念的界定多且角度广,但暂无统一定论。

表 2-2　对城市形态的不同定义(二)

学者	发表时间	对城市形态的定义
波纳(L. S. Bourne)	1971 年	城市实体要素和城市的社会经济要素所体现的空间格局形态,由城市土地使用状态所决定①
《中国大百科全书——建筑、园林、城市规划》	1988 年	政治、经济、社会与文化的综合体现,表现为城市聚居点的分布状态,城市平面格局与内部结构组织模式等
苏毓德	1997 年	在特定阶段,城市发展的各类影响因素综合作用而形成的城市空间形态特征②
赵和生	1999 年	物质、社会、经济等各构成要素在地域空间的分布形式及其关系的抽象表达,不仅体现出城市所处地理位置的独特性以及城市功能定位下的形态格局,还反映人与自然的关系、可彰显城市人文气息、容纳各种社会经济活动,是城市多方因素综合作用的结果③
顾朝林	1999 年	包括空间形态、土地利用模式以及社会活动,它体现了城市景观学和类型学等多学科体系的内涵
王农	1999 年	由特定社会文化环境下的"集团意志"④决定,它是一种复杂的并不断演变的图形模式,体现了人本主义的哲学观

① 波纳提出了城市系统的概念——城市形态、城市要素相互作用及城市空间结构,参见:黄亚平. 城市空间理论与空间分析[M]. 南京:东南大学出版社,2002:15.
② 苏毓德. 台北市道路系统发展对城市外部形状演变的影响[J]. 东南大学学报(自然科学版),1997(3):46.
③ 赵和生. 城市规划和城市发展[M]. 南京:东南大学出版社,2000.
④ 王农. 城市形态与城市文化初探[J]. 西北建筑工程学院学报,1999(3):25-29.

学者	发表时间	对城市形态的定义
谷凯	2001	研究各项城市活动(如社会经济、政治政策等)影响作用下的城市物态环境发展演进的学问
黄亚平	2002	各类城市功能的空间反映、用地形态、社会文化结构所构成的整体性结构的外在表现①

(表格来源:笔者根据相关文献资料绘制.)

(2) 概念重构

近30年来,由于城市发展而引起城市功能不断地拓展,其内涵在此过程中日益多样和复杂化,人们逐渐突破对城市形态物质性认识的局限性。综合借鉴以上各类观点,本书对城市形态的概念重新作出归纳。为此,有必要先对"城市形态"的内涵作一个分析,然后在此基础上对"城市形态"的概念作出新的概括。

城市是一个具有时空性、动态的复合生态系统。城市的物态环境,是指人类在大自然生态环境中特定地域上改造自然环境而建成的"人工环境"。它由通常所说的城市的"物质性要素"构成,其中也包括"人工环境"中留存下来的自然生态环境"碎片"("斑块")。没有这些物质性要素,就没有人类的聚居,也就没有城市。

作为人类聚居场所,其总的功能就是"承载"人类的一切活动,包括生产活动、经济活动、社会活动、文化活动等等。这些活动构成城市的"承载性要素"。没有城市的这些"承载性要素",城市就成了荒漠中的一堆砖头瓦片,也不称其为"城市"。根据本章第3节所述的"城市生态学""景观生态学""文化生态学"原理,城市的物态环境会对所承载的人类活动产生支撑、保障、促进和制约作用;同时,人类活动也会影响城市物态环境,促使城市适应性演变。二者是"共生、互动"的。

城市形态是城市的"形状和神态",或者说是城市物态环境的功能、结构"特征",包括"物质性要素的特征"和"承载性要素的特征"(这里强调的不是要素本身,而是要素的特征或者状态)。

城市形态的物质性要素特征,是城市物态环境所显现出来的物质性特征,包括土地利用模式、城市空间分布形态、城市内部结构形式、各物质性要素之间的关系、城市的扩展模式以及人工构筑物和城市产生的废弃物对自

---

① 黄亚平. 城市空间理论与空间分析[M]. 南京:东南大学出版社,2002:15.

然生态环境的影响等。城市形态的这些物质性特征主要是几何、物理和生态的特征，表现出外部形状和内部的结构特征，以及人工环境与自然生态环境的和谐性等等。由此可见，城市物态环境的物质性特征是城市形态的"物质基础"，可以称为城市的"基础形态"。

城市形态的承载性要素特征，不是直接指"承载性要素"本身，而是它们通过作用于城市物态环境而在物态环境及其物质性要素中体现（折射）出来的非物质性形态或特征，包括城市功能划分、经济发展模式、产业结构及其空间布局、社会政治结构、历史和文化特征、人口和阶层分布、城市生活方式与习俗、城市环保意识与环境状态，等等。城市形态的这些非物质性的"承载性特征"，主要是经济、社会和文化特征，它们也具有时序性和一定的空间性，还具有相对稳定性或记忆性，即使产生这些特征的承载性要素已经消失了，但这些特征还会在不同时期内继续存在，甚至长期存在。因此，城市形态并不包含人类的各种活动本身，而是包含人类活动在城市物态环境中烙上的"印记"。由此可见，城市物态环境的承载性特征可以看成是城市形态的"上层建筑"，或可称之为"上层形态"。而城市的"基础形态"与"上层形态"就构成了"城市形态"。

根据上述分析，本书认为，"城市形态"是指在一定时期内，城市的物态环境所显示出来的物质性要素的空间分布、结构形式、生态状况、发展模式等几何、物理、生态特征（基础形态），以及人类活动作用于城市物态环境而通过城市物质性要素显现（折射）出来的城市政治经济、社会文化的非物质特征（上层形态）的总和。

2.1.2 国内外城市形态研究综述

对于城市形态的初步探讨可追溯到古代。古希腊的希波丹姆斯模式、海港城市米利都城以及普南城等城市规划模式，均带有明显突出的人工痕迹，它们都体现为完整、强烈的构图形式，建立了一种新的城市秩序和城市构想，对西方后来的城市形态发展规划影响深远。我国古代的《周礼·考工记》的营国制，更是体现了建立具有城市秩序、满足统治阶级意志的城市形态规划思想[①]。

然而，真正对城市形态进行系统科学的理论研究是在工业革命以后。

---

① 周霞.广州城市形态演进[M].北京：中国建筑工业出版社，2005：4.

随着社会经济的大发展,各国展开大量的城市规划活动,城市形态的理论研究也应运而生。19世纪德国的地理学派、人文学派,率先开始了一系列的初步探索。研究者最初将形态仅视为趣味性的"地域现象"。如地理学家科尔(J. G. Kohl,1841)在相关研究中分析了各种聚落形态与地理环境及交通的相互关系。20世纪初,地理学的快速崛起使城市形态探讨受到普遍性的关注。该时期的研究代表人物主要有德国的徐律特(O. Schluter)等多国的地理学家①。徐律特在"形态基因"研究的基础上展开了关于人文地理学方面的形态学研究,由此奠定了"城市形态学"的理论基础。他提出,城市形态是特定的时空下人类行为活动痕迹留存于地表上的"文化景观",包含着土地、聚落、建筑及交通等城市组成要素②,它们共同构成一个有机整体。

此后,有关城市形态的研究进入新的阶段,在长期的发展中,研究不断深入,并在城市学、建筑学等多个领域掀起了研究的浪潮。概括地讲,这些理论研究有两大趋向:"形"——对应的是各构成要素的实体外在表象;"态"——重视影响表象的动力机制与各要素之间的结构关系,它们是互为关联的。为了更深刻清晰地了解城市形态理论研究的发展状况,下面分别对国内和国外有关的理论与实践进行一个较为全面的回顾。

1)西方城市形态理论与实践综述

根据熊国平(2006)与谷凯(2001)所作的分析归类,本书将西方的城市形态研究归纳总结为四个方面③:城市历史研究、城市功能结构研究、外部形态研究以及相关学科研究。

(1)城市历史研究

以斯乔伯格(Sjoberg,1960)、芒福德(Mumford,1961)、培根(Bacon,1976)、科斯托夫(Kostof,1991)等为代表的西方著名城市研究学者,详尽描述和探讨了关于西方城市形态的历史演进特点及其影响机制。学者斯乔伯格指出,城市与文明是紧密相连而无法分隔的,城市在长期发展中逐渐抛弃原始与落后的形态,创造出日益复杂多样、适应各种不断变化的生存需要的城

---

① 还有德国的葛雷曼(R. Gradman)、马蒂尼(R. Marting)、贝纳德(W. Bernard),法国的白兰士(V. Blache)、白吕纳(J. Brunhes),以及英国的李兹(F. T. Leeds)等地理学家。

② 蓝天园林. 城市形态的塑造[EB/OL]. http://www. blue-skylandscape. com/view/news. php? func=detail&detailid=67&catalog=0302.

③ 西方研究现状的内容重点参考了以下资料:谷凯. 城市形态的理论与方法——探索全面与理性的研究框架[J]. 城市规划,2001(12):36-41;熊国平. 当代中国城市形态演变[M]. 北京:中国建筑工业出版社,2006:4.

市环境①。此项研究并未着重总结历史经验对当代发展的启迪性,但仍对现代城市规划学术探讨及实践有着重要的影响。

(2) 城市功能结构研究

此研究源于 20 世纪 20 年代美国的形态理论。一是伯克利学派对民居聚落形态的理论探索。二是芝加哥学派(又称"人文区位学派")关于空间结构的"人文生态学"理论,它既着重于研究城市功能分布表现出的不同结构模式,也关注城市用地发展关系的分析(如"中心地理论")。该理论还指出城市的空间组织过程体现为"竞争"与"共生"的特点,由自组织的经济因素将社会单元合理地安排于特定的功能位置,以获得适宜的劳动分工与城市空间分异,从而维持城市系统的平衡②。基于此认识,产生了三大人文生态学理论(具体核心思想将在本章第 3 节详细展开论述):同心圆理论(Concentric-Zone Theory)、扇形理论(Sector Theory)以及城市多核心理论(Multiple-Nuclei Theory)。这些理论对 20 世纪 50 年代以来的学术相关领域产生了广泛的影响,并在此基础上,发展起来一系列城市功能结构的相关理论。表 2-3 有代表性地总结了这些学者对现代城市功能结构进行探讨的情况。

从表 2-3 中可以看出,城市形态受到了郊区化趋势的影响。迪肯森等多位学者提出的城市发展理论体现出城市空间结构多级化发展的倾向,同时也反映了城市郊区化多层次发展的结构体系。整体来说,上述这些城市形态的理论探索具有深刻的现实意义,不过,对 20 世纪 80 年代后产生的新经济因素的影响力还没有预知性。

表 2-3　20 世纪 50～80 年代西方对现代城市功能结构的探讨

时间	代表人物	理　论
1947 年	迪肯森 (Dikinson)	"三地带理论"(Three Zones Theory): 中央地带(Central Zone)—中间地带(Middle Zone)—外缘或郊区地带(Outer Zone or Suburban Zone)
1963 年	塔弗(Taaffe) 加纳(Garner) 蒂托斯(Teatos)	城市功能结构理想模式: 中央商务区—中心边缘区—中间带—外缘带—近郊区

① 谷凯. 城市形态的理论与方法——探索全面与理性的研究框架[J]. 城市规划,2001(12):36-41.
② 黄亚平. 城市空间理论与空间分析[M]. 南京:东南大学出版社,2002:49.

时间	代表人物	理 论
1975 年	洛斯乌姆 （Russwurm）	"现代区域城市结构"： 城市核心区—城市边缘区—城市影响区—乡村腹地
1981 年	穆勒（Muller）	"大都市空间结构模式"： 衰落的中心城市—内郊区—外郊区—城市边缘区

（表格来源：笔者根据熊国平. 当代中国城市形态演变[M]. 北京：中国建筑工业出版社，2006 整理绘制）

（3）外部形态研究

工业革命以来的城市形态发展不可避免地产生了城市问题。对此，学者们展开了解决问题的学术研究。在这些城市形态构想中，欧文（Robert Owen）与傅立叶（Fourier）在 19 世纪初提出的"空想社会主义"较为有名，该构想虽然对工业的根源性影响有所忽略，不过其美好的设想——将城市建设与社会改造相联系[①]，对于之后的"田园城市""带形城市"等一系列城市形态发展理论的产生作了较好的铺垫。

"带形城市"理论的创立者马塔（A. S. Mata，1882），提倡在兼顾城市结构的均衡、预留发展空间的同时，使城市向主要交通轴带形延伸发展，以探索不受城市扩张约束、与自然和谐交融的合理模式。"田园城市"的理念突出反映了英国"人本主义"规划思想家霍华德（E. Howard，1898）对于城乡分离现象的否定，倡导社会变革，试图用"城乡联姻"的新结构形态更替城乡对立的旧形态，实现城镇群体一体化发展的构想[②]。受霍华德思想的影响，雷蒙·翁温（R. Unwin，1922）主张"卫星城市"发展模式，建议围绕大城市独立设置小城市或工人镇，它们作为城市群的外围组成，受到中心城的辐射影响作用。"工业城市"则由建筑师戛涅（T. Garnier，1901）提出，他认为应对城市各功能组成部分进行明确的区域划分，并按规律进行组织。芬兰建筑师沙里宁（E. Saarinen）的"有机疏散"论在城市集散程度上的主张介于分散主义与集中主义之间，指出城市就如同生物有机体，其形态发展应体现有机的秩序。

另外，一些学者借鉴生态仿生学等其他学科领域理论，运用新科技手段，提出了"高技术"倾向、极富想象力的城市外显形态。例如，世界著名建筑大师勒·柯布西耶（L. Corbusier，1933）提出的"光明城"（Radiant City），这是高密度发展的集中主义思想的体现，与以霍华德为代表的分散

---

① 周霞. 广州城市形态演进[M]. 北京：中国建筑工业出版社，2005.
② 张京祥. 西方城市规划思想史纲[M]. 南京：东南大学出版社，2005.

观截然相反,倡导利用高科技来聚集城市人口,以提高密度的办法来解决城市拥挤的问题,创造以高层建筑为主、有充足阳光和绿化环境、充满秩序和理性的新型城市形态。另一位学者赫隆(R. Herron)创立了"行走式城市"(Walking City,1964),在其表面上呈现出嘲讽的含义,设想了一个在核战争后的废墟中行走的"怪物"。除此之外,还有彼得·库克(P. Cook)的"嵌入式城市"(Pluged City)、富勒(B. Fuller)的"漂浮城市"(Floating City,1960)、索勒里(P. Soleri)的"仿生城市"(Arcological City,1960)、弗里德曼的"空间城市"(Spatial City,1970),等等①。

1960年代以来,大城市的外向扩张加剧,城市逐步倾向高密度、区域化的发展,城市形态出现轴向拓展的特征,逐渐形成大都市带现象。一些学者提出带有区域思想的世界连绵城市(Ecumn-Nopolis)的结构理论,如"大都市带"理论,"城市带""世界大城市带""城乡融合区"模式等理念②。

(4)相关学科研究

对于城市形态这一复杂的人类社会活动载体状态的分析,仅以唯一角度去观察是远远不够的。因此,各学科也站在各自的专业领域,对城市形态的发展状况进行了不同视角的探索,形成了相应的理论,并且揭示出隐含于城市形态发展现象之下的一些内在的、深层次的内容,比如城市形态发展的规律特征、动力机制等。

① 城市社会学研究。主要有以下代表性的研究(表2-4):

表2-4 城市社会学代表性研究

代表人物	理论研究
韦伯(Webber)	结合土地利用分析与人口分布状态研究城市形态的发展
卡特(Carter)	结合社会阶层的空间分异与人口的流动性特点,借助地租论、行为学等探讨城市形态的演进规律
帕克(E. Park)沃恩(L. Writh)	深入调查城市社会结构与生活层面,借助社会生态学理论探索城市形态,提出"自然区镶嵌"的形态模式
R. A. Murdie	利用社会区域分析法与生态因子法,建立由经济、家庭与种族三者地位构成的"城市社会空间模型",它们分别对应于以CBD为中心的扇形格局、同心圆布局以及分散式的空间形态,三者相叠构成城市居住空间的分异

(表格来源:笔者参考熊国平(2006)、黄亚平(2002)整理绘制)

① 熊国平.当代中国城市形态演变[M].北京:中国建筑工业出版社,2006.
② 熊国平.当代中国城市形态演变[M].北京:中国建筑工业出版社,2006.

② 城市经济学研究。新古典主义学派的阿隆索（Alonso，1964）是这方面研究的著名代表学者之一，他以地租竞价曲线作为土地与区位成本的分析表达，以此解析土地、区位与地租三者之关系，得出城市居住空间的分异结构，表现为高收入者分布于城市边缘，而低收入者分布于市中心[①]。另一代表学者哈维（Harvey，1985）创建了"资本循环"论，他对城市形态发展演变与资本主义驱动力的对立性进行了探讨，指出经济因素在地域上的集中分布是由于资本的积累所致，而"郊区化"可用于解决资本过度积累所产生的危机[②]。

③ 地理学研究。这是有关学者立足于地理学领域来研究城市物质空间的演化过程。路易斯（H. Louis，1936）与康泽恩（Conzen，1960）都认为以往城市空间发展的阶段划分过于主观，未与其复杂的变化过程相对应。前者更是借鉴此前的"形态基因"学术成果，提出"形态周期""边缘地带"等一系列概念，初步建构了关于市镇规划的研究体系。20 年后该思想为英国的一相关课题组[③]继续发展扩充，影响广泛。英国的马歇尔（J. Marshall）在其著作《城市重建》中展示了各时期英国城市发展的形态模式，体现为"集中膨胀"式，认为城市形态将趋向多中心分散式的发展[④]。

④ 环境行为学研究。20 世纪 50 年代以来，西方城市的社会经济得到全面的恢复与发展，然而许多学者发现空间规划的实践中存在着突出问题：仅关注有形空间，而忽略了活动的主体——人。他们认为，城市空间的活力是建立在这两者相结合的基础之上的，因而主张对城市环境进行"感知"。在经历了卡米洛·西特（C. Sitte，1889）建立的城市建设艺术原则与美国著名的城市规划学家凯文·林奇（K. Lynch，1960）提出"城市意象"概念后，城市中的环境行为学研究才真正受到关注。林奇指出，良好的城市形态的特征应体现为可识别性、多样性、适宜性、可控性、延续性、效率与公平等，其中"道路""边界""区域""节点"和"标志物"[⑤]是构成城市意象不可或缺的基本物质形态要素。此外，还有简·雅各布斯、舒尔兹等学者也在此方面进行了深入研究，其专著及理念在学术界的影响颇大。

---

① 黄亚平. 城市空间理论与空间分析[M]. 南京：东南大学出版社，2002.

② 熊国平. 当代中国城市形态演变[M]. 北京：中国建筑工业出版社，2006.

③ 英国伯明翰大学地理系城市形态研究组，其研究影响范围波及整个西方城市研究领域。

④ 黄亚平. 城市空间理论与空间分析[M]. 南京：东南大学出版社，2002.

⑤ [美]凯文·林奇. 城市意象[M]. 方益萍，何晓军，译. 北京：华夏出版社，2001.

⑤ 景观学研究。景观(Landscape)学派专注于城市形态的物质性塑造，首要分析了景观要素类型，如广场、街道、水体、建筑等。Jones(1958)致力于城市风貌研究，对城市空间环境进行分类，但未触及人类活动因素[①]。

⑥ 类型学研究。被简单概括为按相同形式结构对具有特性的一组对象进行描述的理论，由阿尔多·罗西(A. Rossi, 1966)等人建立，该方法具有独特性，强调城市的历史性，认为城市通过历史传递文化，从而形成复杂多义的有机体。类型学一方面提倡形式的"延续性""自律性"，另一方面也认可现实的丰富多样性，并阐释城市形态未来的发展方向。

⑦ 生态学研究。由于该角度的探索是本书研究的立足点，本书将于本章第3节专门对有关生态学的研究理论作较为具体的论述。

以上对西方相关各领域、学派的学者们不同角度的城市形态探讨进行了总结和归纳，从中我们可以了解到西方的各类城市形态研究方法和研究成果。这对本书的实证研究可以提供理论和方法上的借鉴与启迪。

2) 国内城市形态理论与实践综述

国内的城市形态理论研究兴起于1980年代，相对于西方起步较晚。城市规划、地理学、社会学等诸多领域的学者对城市形态进行了多方位的探索。特别是1990年代以来，研究成果卓然，主要涉及城市形态的演变模式与规律、城市形态构成要素、动力机制以及分析方法研究等内容[②]。

(1) 城市形态的发展模式研究

国内学者普遍认为，从中国现代城市结构的现状看，多采用的是城市中心、边缘区、卫星城镇的空间结构，只是具体形式有所差别而已，而且卫星城对城市功能进行疏散的作用仍未发挥出来。于是，出现了一些关于中国城市结构的地域发展观[③]，比如同心圈层模式：中心、市区、近郊、远郊；城市居住用地的分布模式：中心商业区、市内混合区、市郊混合区、外围工业卫星镇；居住结构等级模式：中心、次中心、工业组团，等等。

在城市外部形态方面，国内研究趋势与西方大致相同，学者们基本认同

---

① 熊国平. 当代中国城市形态演变[M]. 北京:中国建筑工业出版社,2006.

② 国内城市形态的研究内容主要参考:熊国平. 当代中国城市形态演变[M]. 北京:中国建筑工业出版社,2006:13-15;郑莘,林琳. 1990年以来国内城市形态研究述评[J]. 城市规划,2002(7):59-64.

③ 关于此部分的主要研究学者有吴良镛、周一星、武进、胡俊、姚士谋、罗楚鹏、崔功豪、顾朝林等。

城市集群化的发展趋势,并关注城市规划区、城市带的研究,在此基础上提出了城市空间增长形态:圈层、飞地、轴间填充、带形扩展;群体空间结构:"都市连绵区";区域发展形态模式:"交通轴+生态绿地"等形态发展理念。

(2)城市形态的构成要素探析

该研究建立在对城市形态概念的理解之上的,大多数的看法是城市形态的构成要素,包含物质要素和非物质要素两类[1]。

物质要素多被概括为土地利用、发展轴(轴)、道路网(架)、街区(群)、天际线(界面)、节点(建筑或开放空间)等(表2-5)。其中,土地利用、道路网、街区、城市发展轴、建筑等要素受到相对较多的关注。

表 2-5   1990 年以来国内城市形态的物质要素研究

物质要素	主要研究内容
土地利用	主要针对土地利用的性质、开发强度等方面进行了研究,提倡多样化混合开发,提高城市土地使用的合理效率,赋予城市景观环境以丰富性、活力化
发展轴	研究其作为城市结构的生长秩序导向,以及对外部形态的形成影响
道路网	探讨交通网络对城市形态物质构架形成;研究道路骨架发展对城市形态结构秩序、运营发展的影响;研究交通可达性,探索对城市空间形态演变及街区活力的影响
街区	认为街区作为城市形态的构成单元,体现城市传统肌理与社会空间关系;研究指出不同的街区类型可以营造丰富的城市生活,并能体现出城市的规模
天际线	探讨城市天际线的构成,对城市风貌、空间结构等的影响
建筑	研究认为建筑作为城市人工景观的构成,对城市空间起到限定作用,可成为城市节点或标志物;指出建筑密度与高度反映城市建设的紧凑度与竖向形态,建筑布局影响城市肌理的变化
开放空间	研究开放空间对城市各种功能的多层次满足,认为应加强内外部空间的流动,为居民提供可歇可娱的空间,以改善城市人居环境

(表格来源:主要参考杨哲(2005)、罗佩(2007)整理绘制.)

非物质要素则被概括为社会结构、经济模式、城市生活方式、城市环境意象、行为心理、场所、风俗与文化等[2]。对此还有一种观点,就是罗佩

---

① 关于此部分的主要研究学者有齐康、武进、邹怡、苏毓德、宛素春、陈勇、杨哲、罗佩等。
② 邻艳丽.东北地区城市空间形态研究[D].长春:东北师范大学,2004.

(2007)提出的,非物质性要素的研究也是对城市形态发展动力机制的研究。本书认为,此观点有一定道理,并将于第3章展开此方面的实证分析。

各构成要素相互影响、渗透,有机结合,演化变异。对这些要素的研究,是探讨城市形态特征及规律的重要内容。

(3)城市形态的动力机制与演变规律研究

研究此内容的国内学者颇多[①],从实证中总结规律是基本的研究途径。1990年代以来,研究者主要从社会、经济、科技文化、历史地理、交通、城市功能、政策规划等多角度入手,结合实证研究,对城市形态演变的动力机制作了研究,并逐渐由表及里,进行深层次挖掘,其中对于"政策力""经济力"方面的考虑居多。出现众多的观点,比如:提出功能与形态的适应机制;认为郊区化过程的动力机制包括政策、经济以及技术发展等因素;指出主要影响因素有城市的经济增长、产业结构调整、功能转型等;还有的提出发展、运作、驱动的机制;甚至提出了城市发展的自组织力等。

在城市形态的演变规律方面,学者们经过研究总结出一系列规律,如:功能、要素、环境的"结构律";"扩散"和"集聚"现象的交替规律;"规模门槛律""不平衡发展律""区位择优律""自组织演化律";分形与进化律,等等。这些形态演化规律的探索,对于当代城市的建设发展很有意义。

综合有关国内城市形态的研究状况,其总体上经历了从外象到内在,从物质到文化、从理论到应用的不断深化提高的发展过程,并且借鉴国外的相关经验来拓展研究思路。当前,国内学者开始关注生态化、信息化等趋势对城市形态发展的重要影响。

3) 国内外研究评述

纵览以上对城市形态的广泛研究成果,国内外专家学者从不同的学科领域对有关城市形态的各个方面进行了不同程度的探讨。由此,不仅可以对城市形态有直观、感性的认识,而且还能透过现象观其本质。如今,伴随可持续发展与生态规划思想的深化,城市形态向着更加多元化的视角延伸。

2.1.3 城市形态研究与城市规划、城市设计的关系

城市形态研究与当代城市规划、城市设计有非常密切的关系。城市形态研究的目的在于:把城市看成一个"有机体"来进行考察,挖掘城市空间的

[①] 关于此部分的研究学者主要有武进、胡俊、邹怡、何流、段进、王建国、朱喜钢、陈玮、韩晶等。

深层结构和发展规律,探明其生长动力机制,确定城市形态未来发展的趋势及其可能性和合理性;同时,建立起一套分析城市可持续性的理论,以期对城市规划和建设起到理论引导作用。

城市形态研究的重要性,首先体现在它对城市规划思想和实践的深刻影响。

随着现代城市的快速发展,所谓"城市病"就日益严重地显现出来,阻碍着城市的健康发展。而这些问题的形成,在很大程度上与规划思想有关。事实上,西方现代规划思想的出现,就有其深刻的历史和现实动因:为了摆脱"城市病"带来的各种弊端,一些西方社会学者和设计工作者在进行反思的基础上,先后进行了许多探索,期望突破传统的城市规划思想,找到能够减轻乃至避免"城市病"的理想城市形态。正是在这些探索中,逐步形成了若干各具特色的研究领域。其中有关城市"战略性规划""生态规划""交通组织""可持续发展"等领域,已成为目前规划学科的研究热点,这些研究内容的物质载体正是城市形态①。而对城市形态演变的规律性以及合理性的研究,则是城市空间发展战略规划的核心和基础。这些研究的要点如下②:

(1) 城市空间扩展的形态与结构,是城市形态学的重要研究对象之一,涉及区域范畴,是战略性规划的重点所在。

(2) 城市形态学涉及城市发展与环境生态、历史文化、政治经济、科学教育等多种影响要素的相关性。对这些因素影响的综合测评结果,将在战略层面上影响到规划的决策。

(3) 城市形态学对不同城市演变的历程和发展规律进行理论抽象和概括,对其发展的模式进行理论研究。这对未来的城市发展战略规划的制定,有重要借鉴和指导意义。

(4) 城市形态可持续发展研究,是当今现代规划思想的重点。其研究对象不仅是人居环境、地域特点及景观与美学等问题,更包括城市经济、社会的发展环境问题。这些研究所要建立的认识城市的价值观和评价城市形态优劣的指标体系,必须符合人与自然和谐发展的根本原则。

上述情况充分表明:城市形态研究对于指导、完善、提升城市规划具有重大的意义,因而对城市形态进行深入、系统而又切合实际的研究,理应受

---

① 谷凯. 城市形态的理论与方法——探索全面与理性的研究框架[J]. 城市规划,2001(12):36-41.

② 段进. 城市形态研究与空间战略规划[J]. 城市规划,2003(2):45-48.

到高度的重视。

城市形态研究的重要意义还体现在它与城市设计的密切关系上。城市设计被定义为"对城市环境形态所作的各种合理处理和艺术安排"(《大不列颠百科全书》)。其目的主要在于改善城市空间的环境质量,以促进对城市居民生活质量的改进。正如 E. D. 培根所说,它主要考虑的是"建筑周围与建筑之间","风景或地形所形成的三维空间的规划布局和设计"①,关注对象是城市形态与景观的"公共价值领域",不仅包含公共空间本身,也涵盖对环境品质产生影响的各类建筑物。

城市设计虽然是相对独立的学科,但其实际的设计活动却是由城市形态学、城市规划学、园林景观学、建筑学等多学科共同参与的。因而城市形态学与城市设计在理论基础和设计实践上均有同构关系。同时,特定时期的城市形态,是由诸多城市设计及其实施,在时空维度中拼叠而成的。由此可见,城市形态学与城市设计之间有不可分割的内在联系。系统、深入地研究城市形态学,不仅能为城市设计提供理论上的依据,也是深化、整合其理论和方法的需要。

2.1.4 城市形态的分析方法与计量方法

城市形态学方法作为城市规划与管理控制的重要工具,不仅可以描述形态元素,还能用于在发展进程中动态地组织元素。运用该类方法时,对研究对象的分析不应是片面和形式化的,而应采用由表及里、从高到低的层次化分析,从而探寻城市形态演变的内因,以期提出更具可行性的更为合理的城市形态发展策略。

1) 城市形态的分析方法

对于城市形态分析方法研究②③,迄今还未建立完整、规范的方法体系,且仍以定性为主。其中,城市空间分析法的使用最为普遍,其他多学科的分析方法主要有文献分析法、分形理论方法、要素分析法、层次分析法、系统动力学分析法等。

(1) 城市空间分析法。这是传统分析法。王建国(2001)从微观层面提出的基地、节点分析等七类城市设计方法,着重于分析城市空间的形态关系。

(2) 文献分析法。透过对城市形态的历史演变,能够解读出一个城市

---

① 陈秉钊. 当代城市规划导论[M]. 北京:中国建筑工业出版社,2003.

② 郑莘,林琳. 1990 年以来国内城市形态研究述评[J]. 城市规划,2002(7):59-64.

③ 熊国平. 当代中国城市形态演变[M]. 北京:中国建筑工业出版社,2006.

的社会、经济、文化积淀过程,而这需要借助大量历史文献资料来完成研究,并在此基础上预测未来。成一龙指出,在这些历史文献中,古代方志是不可忽视的,它可以与正史材料相互对照。

（3）分形理论方法。分形理论方法属于几何学范畴,张宇星（1995）、王青（2002）等学者运用此方法来研究单个城市与城市组群的空间形态及演替特征、用地拓展方式等。目前,该方法正成为地理学科的前沿。

（4）要素分析法。通过对城市形态构成要素的深入剖析,可获得城市演变的总体特征及规律。其中,交通系统对街区与城市发展轴有决定性的影响,而土地利用模式及开发程度又主导着城市空间形态格局,所以这些基本的构成要素在分析中应予以特别的重视。此方法可同时结合城市空间分析法来具体运用。

（5）层次分析法。层次分析法是一种数理统计方法。把它运用于城市形态发展影响因素的量化分析是行之有效的。陈勇（1997）在分析具体案例时,建立了功能、经济、技术、社会与心理等五个层次的有关城市形态的评价指标体系,并结合特尔菲法（Delphi Method）进行计算与评价①。

（6）系统动力学分析法。这是借助动力学方法对城市结构变化进行动态性的探索。福莱斯特（J. W. Forrester,1969）运用该方法构建起"城市系统动力学模型",动态模拟了城市各要素指标的改变方式。M. Batty（1986）与Markse（1995）则分别建立"凝聚扩散模型"（DLA）与"逾渗模型"（Perclation）来演绎城市形态的增长变化。中国学者肖莉等（1993）构建了形态结构的动力模型,以探索乡镇形态的演进规律,指出其受到内外三种力的矢量叠合作用。20世纪90年代以后,新的研究方法不断涌现,还出现了"细胞自动机""多主体模型"②等研究技术和方法,它们逐渐发展为城市动力学模型研究的前沿方向。

需要着重指出的是,结合生态学、景观学、社会学等多学科交叉的研究方法,多视角地考察研究城市形态,也是日益受到重视的城市形态分析的新领域。比如对社会学中"主因素分析法"的运用,其在研究城市内部空间结构时,引入"人口普查变量"来探讨社会形态的空间分异③。

2）城市形态的计量方法

该方法是为了使城市形态的研究更具科学化而引入的定量分析方法。

① 郑莘,林琳. 1990 年以来国内城市形态研究述评[J]. 城市规划,2002(7):59-64.
② 熊国平. 当代中国城市形态演变[M]. 北京:中国建筑工业出版社,2006.
③ 黄亚平. 城市空间理论与空间分析[M]. 南京:东南大学出版社,2002:64.

计量的分析方法大致有二维平面形态测定法(林炳耀,1998)、"城市体积形态"测定法(段汉明等,2000)、象限空间扩展测定法(杨山等,2001)等。这些定量的计算可以用来判定城市形态的物质构成,如城市的用地范围与平面形状、城市群体空间体量等,也用以判断可能的拓展趋势。

尽管学者们在计量研究方面作出了尝试,但为数并不多,虽然也出现了GPS和遥感技术等新研究手段,但目前此项研究依然较薄弱,研究资料与成果相对其他分析法最为缺乏,尚待进一步充实。

2.2 可持续发展的规划理论

"可持续发展"(Sustainable Development)研究,是当今乃至未来城市规划学科研究课题的重中之重。已经有不少学者从"可持续发展"角度出发,针对城市发展问题开展了一系列研究,以寻求更加合理、完善的城市形态发展模式。

2.2.1 可持续发展理论溯源

人类赖以生存的空间源于自然环境,它是人类社会存在之基础。然而自工业革命以来,随着城市化进程的加速,人类以空前的规模和力度开发利用自然资源,导致生态环境日益恶化。尤其是近五十年来,人类的这种行为有增无减,早已不堪重负的生态环境承载系统更是雪上加霜:森林、湿地、耕地、物种多样性锐减、臭氧层空洞、全球变暖、气候异常。人类也遭受到自然环境破坏带来的一系列灾难和恶果。于是,人类在面临人口、资源、生态环境严重挑战的情况下开始觉醒,意识到必须摒弃一味高能耗地追求经济增长、"先污染后治理"的传统发展理念和发展模式,并开始找寻既能保护自然生态环境又能保证人类社会健康持续发展的良策[①],由此形成了当今的"可持续发展"理论。其中,当然也包括生态城市规划思想。

现代可持续发展思想源于马尔萨斯和达尔文。马尔萨斯的人口论和达尔文的进化论探讨了生物与环境的关系;1987年,"可持续发展"的概念首次被正式确定[②]。之后,其影响日益广泛,其内涵从初始的环保领域逐步拓展到

---

① 王小雁.我国大众体育生态环境可持续发展研究[D].长沙:湖南师范大学,2013.
② 刘德生.城市可持续发展研究与实证分析[D].天津:河北工业大学,2002.

政治、经济、文化等各个领域,成为指导全球经济社会发展的纲领和战略。

以下一些重大历史事件,标志了"可持续发展"理念的发展形成过程:

(1) 1962 年,美国"环境意识的启蒙者"雷切尔·卡尔逊(Rachel Carson)发表的专著《寂静的春天》,阐明了人与自然的密切关系,警示了污染对生态系统破坏的严重性,是对传统发展观的革命性反思。该著作的发表引起了国际震动。

(2) 1972 年,联合国在斯德哥尔摩召开的"人类环境会议"通过了《人类环境宣言》,向全球倡导保护并改善环境,指出环境是经济发展的约束条件,提出了"生态发展"(ECO-Development)的概念,堪称人类可持续发展的始端。同时,有重要国际影响力的三个报告——罗马俱乐部的《增长的极限》、Edward Gold Smith 的《生存的蓝图》、Ward 与 Dubus 起草的《只有一个地球》相继问世,发起了全球性的绿色运动,使环境和自然资源的保护成为全球关注的对象,并从此拉开了世界性的"可持续发展"研究的帷幕。

(3) 1980 年,国际自然资源保护同盟(IUCN)、联合国环境规划署(UNEP)与世界野生动物基金会(WWF)联合发布了《世界自然保护大纲》,呼吁全球重视对自然生态、社会经济和资源开发之间的基本关系的研究①。

(4) 1987 年,世界环境与发展委员会(WECD)发表报告《我们共同的未来》,首次正式提出了"可持续发展"的概念,从理论上阐述了"可持续发展"是人类解决环境与发展问题的根本原则,是建立在资源环境可承载的基础之上的经济、社会与自然的协调发展。这是人类对环境与发展问题认识的重大飞跃。

(5) 1992 年,联合国环境与发展会议(UNCED)又在巴西召开会议,发表了《里约环境与发展宣言》(亦称《地球宪章》)及《21 世纪议程》两个指导性、纲领性文件,高度凝聚了当代人对"可持续发展"理论认识深化的结晶。同时,多国政府代表签署了联合国《气候变化框架公约》《生物多样化公约》等若干国际文件和国际公约。这次会议标志着"可持续发展"科学思想的形成②。

2.2.2　可持续发展理念与原则

对于"可持续发展"的科学定义,虽然尚缺乏一个为各相关学科学者

---

① 张京祥. 西方城市规划思想史纲[M]. 南京:东南大学出版社,2005.

② 艾振华."可持续发展"思想形成的历史背景[EB/OL]. http://www.jxteacher.com/360222008002240008/column45857/4fbff935-bff1-4640-a933-5db084bd42cb.html.

所一致认同的统一的表述,但以《21世纪议程》发布为标志,"可持续发展"已突破了理论研讨的范畴,而成为人类共同的行动纲领和全球的发展战略。

1) 可持续性(Sustainability)

"可持续性"是由生态学延伸出来的一个概念,是事物的一种属性。广义上讲,是指一种"事物的过程或状态可以长期维持"的这种属性;狭义上说,是强调生态环境的一种可以长期维持而不至衰退、破坏的那种属性。

"可持续性"的起始和核心内涵虽然是生态问题,但发展至今,其含义已超出其最初的范畴,渗透到多学科领域和人类活动的各个方面。学术界就从不同视角、不同层面对"可持续性"一词作了差异性解读;除主要讲"生态的可持续性(Ecological Sustainability)"之外,还提出了"社会的""政治的""经济的""文化的"等多种"可持续性"。尽管学者们的视角不同,但"生态的可持续性"一直是被公认的"可持续性"概念的本源内涵,其主旨是强调人与自然的和谐、自然资源与其开发利用的平衡[①]。

"可持续性"并未只停留在理性层面上,而更具现实意义的是:这种理念已开始被广泛运用于制定全球、国家、区域、城市的经济社会的发展战略,运用于规范人类的行为,引导人们的价值取向。

2) 可持续发展(Sustainable Development)

可持续发展,一般地说是事物的一种"发展模式",即具有"可持续性"的那种发展模式。但人们通常所指的"可持续发展"却具有特定的内涵,主要是指人与自然的和谐、生态环境与经济社会发展相协调的"可持续性"的发展。这种发展模式是在对世界重大经济、社会、资源、环境问题的历史和现状进行系统调查研究总结的基础上提出来的。此后就被人们日益深入地进行了解读。

1987年,在《我们共同的未来》报告中,"可持续发展"被定义为"the needs of the present without compromising the ability of future generations to meet their own needs",即在满足当代人需求的同时,不损害后代人满足自身需求的能力的发展。1991年,在IUCN、UNEP和WWF共同发表的《保护地球——可持续生存战略》中,把可持续发展定义为"在自下而

---

① 陈易.城市建设中的可持续发展理论[M].上海:同济大学出版社,2003.

上不超出维持生态系统承载能力的情况之下,改善人类的生活品质"。1999年,国际生态学联合会(INTECOL)与国际生物科学联合会(IUBS)又提出可持续发展是"保护和加强环境系统生产和更新能力"[①]。这些表述略有差异,但中心思想是一致的。"可持续发展"模式作为一种发展战略和人类反思社会发展历程时的一种认知升华,已获得国际社会的普遍认同。

上述这些重要文献,都把"满足人类需求""改善人类生活品质"作为"可持续发展"的目的,但同时又指出这种目的及其实现必须是有限制的、有条件的。WECD指出可持续发展内含"需求"与"限制"两个方面。前者是指满足人类的基本需求,特别是优先考虑世界贫困人口的基本需求;后者是指人类现在和未来的需求只能在当时生态环境的有限承载能力允许的范围内获得满足,而决不能无限扩张;同时,"可持续发展"也有"平衡"的含义,即在"需求"与"限制"之间应当保持平衡,为后代留下适宜生存和发展的资源与空间;WECD还特别提出要以动态变化的观点看待"可持续发展",强调开发各种潜在的可满足当前和未来人类多样需求与愿望的可能性[②]。学者Edward B. Barbier 在其著作《经济、自然资源:不足和发展》中特别指出,"可持续发展"的目的是在资源、环境许可的前提下,使经济发展获利达到极限,这是鼓励并有益于经济增长的,而并非以环境保护为由来忽视甚至阻碍经济发展。这个观点对于人们全面地、辩证地认识"可持续发展"是十分有益的。

毫无疑问,无论在战略还是战术层面上,"可持续发展"都具有极其重大的意义;它作为一种科学的发展理念和发展模式,革命性地颠覆了此前漠视资源环境保护、单纯追求经济高速增长、片面关注人类眼前需求的传统发展观念和发展模式,力求把"发展"转变到人与自然和谐相处,经济、社会、环境及资源协同发展,统筹兼顾满足当代人和后代人生存发展需求的健康发展轨道上来。

显然,"可持续发展"是人类在面临自身生存发展危机的严重挑战面前所作出的必然的也是唯一正确的选择,关系着人类的前途和命运。因此,世界各国都把它作为国家的发展战略加以重视。我国不仅如此,还把"可持续发展"提高到"国策"的地位来贯彻和实施。

---

① 刘德生. 城市可持续发展研究与实证分析[D]. 天津:河北工业大学,2002.
② 陈易. 城市建设中的可持续发展理论[M]. 上海:同济大学出版社,2003.

3) 可持续发展的原则①②③

可持续发展思想主要包括四项原则。这些原则是可持续发展的内在要求,也是实现这种发展的基本条件。

(1) 可持续性原则。它是指在一个城市、一个区域、一个国家直至全球范围内,经济、社会、资源、环境等各个方面的发展都应具有"可持续性"。即经济持续增长,社会持续进步,自然资源得到持续保护和合理开发利用,生态环境也得到持续保护和有效改善,在经济社会快速发展与生态环境承载能力不断增强之间实现持续的动态平衡。

(2) 公平性原则。这是可持续发展的重要内涵。前文已述及,《保护地球——可持续生存战略》指出,可持续发展的最终目的是"改善人类生活品质"。所说的"人类"不是一部分人,而是指所有的人。人人都有公平地共享经济社会发展成果,"改善生活品质"的权利,当然人人也有公平负担发展成本的义务。"所有的人"显然包括穷人和富人,坚持公平原则就要体现"代内公平",缩小贫富差距,消除两极分化;同时也包括当代人和后代人,这就要体现"代际公平",在发展中要兼顾后代子孙生存和发展的要求。此外,似乎还应包括不同区域的人,实现"区际公平"。由此可见,公平性原则体现了"以人为本,实现社会公平,促进社会和谐"这一正确的发展方向,是真正实现可持续发展的重要保证。

(3) 共同性原则。这个原则主要是要求全球各国和所有个人对可持续发展要"共同认识"、共担责任、共同行动,以保障可持续发展战略的实施。UNCED 的《里约环境与发展宣言》和 WECD 的《我们共同的未来》都以不同的方式表达了共同性原则,认为尽管各国国情、发展水平、发展的政策措施存在差异,但在承认差异、尊重各方发展利益的同时,都应遵守共同性原则,同时,要实行政府主导与公众参与相结合,全民行动起来,人人从我做起,共同努力实现全球可持续发展的总体目标。

(4) 协调性原则。主要是指可持续发展要求实现经济、社会、人口、资源和环境等各要素的协调发展,避免各个部分之间失衡。特别强调要保持"承载系统"(生态环境)与"发展系统"(经济社会)之间的协调。

可持续发展原则对城市形态研究有重大影响,相对于传统的研究,将在

---

① 郑锋. 可持续城市理论与实践[M]. 北京:人民出版社,2005.
② 陈易. 城市建设中的可持续发展理论[M]. 上海:同济大学出版社,2003.
③ 陈秉钊. 当代城市规划导论[M]. 北京:中国建筑工业出版社,2003.

指导思想原则、内容方法、研究目标等方面的调整起到重要作用。

例如：对城市形态的历史和现状的研究，就必须把可持续发展的"四项原则"增添到"主要指导原则"之列，用以对城市形态进行评判性的考察研究，从而分清城市形态及其发展中，哪些地方是合乎四项原则要求的，哪些地方又是违背四项原则的，从而找出产生问题的根源。

又如在研究目前城市的形态、结构、功能、未来改进与发展的可能方向、措施时，就要重视结合考虑城市现存的自然环境以及经济社会发展情况，更要着重考虑如何不断增强城市的经济系统、社会系统、资源环境系统自身的"可持续性"和相互间的协调性，注意城市形态的协调性、成长性、生态性和经济性，以更好地最终实现城市综合的、协调的、可持续发展的目标。

2.3　有关生态学理论

生态学范畴十分广泛。这里仅涉及与城市形态发展关联性较多的生态学理论。

2.3.1　城市生态学[①]

城市生态学(Urban Ecology)是运用生态学(Ecology)的原理和方法研究城市形态、功能与人、社会、自然的关系及其调控机制的一门学科。它是生态学和城市科学的交叉、分支学科。

1) 早期生态学理论

早期城市生态学是在全球工业化时代产生的，其关注的焦点侧重于城市生态系统空间结构形成和发展的动力机制。虽然早在1898—1902年就出现了"田园城市"构想，但主要还是一种理想城市的规划思想，还不是科学意义上的"生态学"理论。

1916年，美国芝加哥学派奠基人帕克(R. E. Park)将生物群落学的概念和理论引入城市社会研究，取得重大突破，为城市早期生态学的理论奠定了基础。该学派的核心思想是：城市土地价值的波动与植物对空间的争夺相似，是由人们对理想的土地和区域的竞争所引起的[②]；城市由多个社区组成，每个

---

① 杨小波，吴庆书. 城市生态学[M]. 北京:科学出版社,2000.
② 杨小波，吴庆书. 城市生态学[M]. 北京:科学出版社,2000.

社区的发展、整个城市的发展,都是受不同人群之间、不同社区之间相互依存的"共生关系"和争夺资源与生存空间的"竞争关系"所引导的。许多城市生态学家对这个理论进行了深入研究,提出了若干关于城市形态功能与结构的理想城市模型(或生态城市模型),典型的几个模型见表2-6及图2-1。

表 2-6　三大城市形态功能与结构城市模型①②

理论	创始人	核心理念
同心圆地域理论	伯吉斯(Burgess,1923)	关于城市发展及空间组织模式的理想模型,以芝加哥为实证研究,总结出城市社会人口流动对城市地域分异的作用力,并提出生态平面的同心圆城市发展模式:CBD、过渡区、低收入居住区、高收入居住区和往返区
扇形城市	霍伊特(H. Hoyt,1939)	城市核心为CBD,城市演变中的布局特点虽与同心圆有类似处,然而并不完全符合同心圆均质扩散的规律,社会与经济特征相类似的家庭集聚在同一扇形地带,使一些功能区呈现扇形发展的特点
城市多核心理论	哈里斯和乌尔曼(C. D. Harris,E. L. Ullman,1945)	认为职业、地价、房租以及环境等诸方面是引发城市各种不同布局方式的主要原因,由此提出城市是由多个地域单元构成的多核心结构

(表格来源:笔者参考马道明(2008)、黄亚平(2002)整理绘制.)

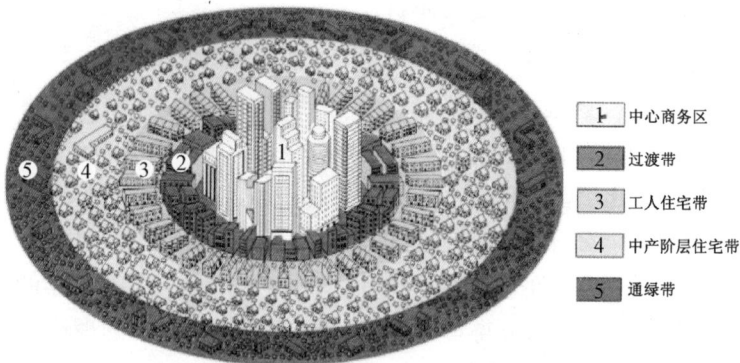

1 中心商务区
2 过渡带
3 工人住宅带
4 中产阶层住宅带
5 通绿带

(a) 同心圆地域理论

① 参考:马道明. 城市的理性——生态城市调控[M]. 南京:东南大学出版社,2008.
② 参考:黄亚平. 城市空间理论与空间分析[M]. 南京:东南大学出版社,2002.

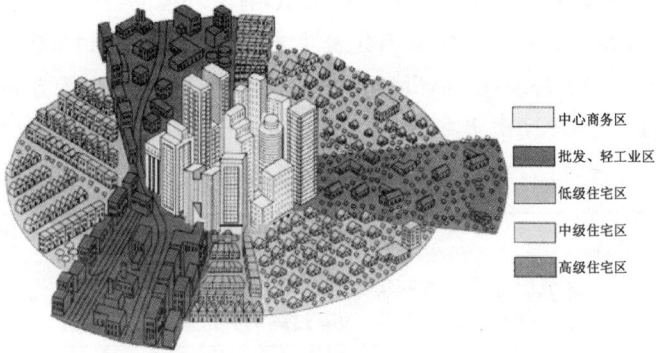

（b）扇形城市

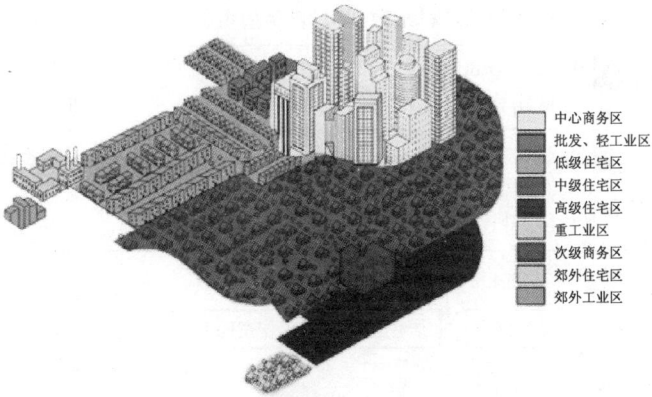

（c）城市多核心理论

图 2-1 三大城市形态功能与结构模型示意

（图片来源：http://www.dlgw.net）

2）现代生态学理论

世界进入工业化、现代化、信息化时代后，随着全球经济高速增长及城市化进程加快，人类又开始面临能源和环境生态危机。城市生态学家们关注的焦点随之发生变化，把研究重点转到了改善城市空间结构、完善城市发展机制以及协调城市社会矛盾方面，逐步形成了"现代城市生态学"理论。其基本观点是：城市发展水平的标志不单纯是经济的高速增长，还应包括依靠科学技术促进社会和谐和环境保护；注意填补城市中匮乏的自然生态功能，以改善恶化的城市环境[①]。

---

① 马道明. 城市的理性——生态城市调控[M]. 南京：东南大学出版社，2008.

近年来,对现代生态学的研究仍很活跃,有关环境问题的学术会议频繁举行,出了不少研究成果。其中,具有代表性、指导性的三篇项目报告分别涉及有关城市的合理发展环境、根除环境问题以及多功能合作与分工等方面[①]。

总结众多现代城市生态学理论,大概可分为四类,列表如下(表 2-7):

表 2-7 现代生态学理论[②][③]

理论	核心理念	评价
中心化理论	区域服务设施均应集中规模化设置,对产生的生态问题以补充供给、消除过剩的办法解决	生态矛盾依然严重
分散化理论	质疑中心化理论,认为环境问题本质上与人的活动相关,应分散布置设施,引导城市居民向密度较低的农村疏散,并建自足型生态村	过于理想化,必然引发更多空间资源的消耗问题
"三明治"理论	形成环境问题整治的主体结构:政府领导层—区域指导层—居民群体层	从宏观角度对城市进行的调控
水网与交通网络的衔接理论	高效率衔接方式:交通网络是城市运输与连接的高动力功能,水网是保障生态环境的低动力功能,并建立"红绿模型"(图 2-2)	以微观视角构建土地空间布局的生态模型

(表格来源:笔者根据相关文献资料整理绘制.)

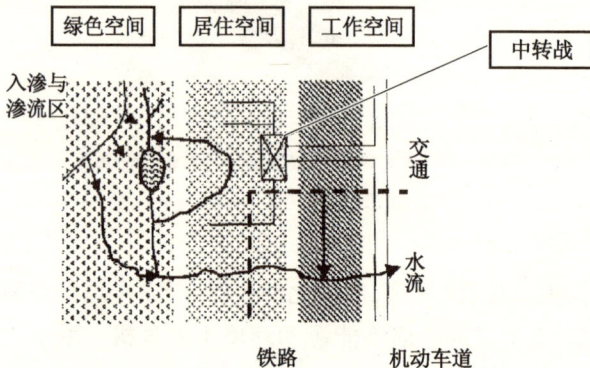

图 2-2 水网与交通网络体系构图

(图片来源:马道明. 城市的理性——生态城市调控[M]. 南京:东南大学出版社,2008:35.)

---

① 三份项目报告分别是:城市发展的合理环境项目报告(OECDJ15,1990);如何根除城市环境问题项目报告(EC-Commission,1990);城市多功能合作与分工项目报告(ESUD,1994)。具体参见:马道明. 城市的理性——生态城市调控[M]. 南京:东南大学出版社,2008.

② 马道明. 城市的理性——生态城市调控[M]. 南京:东南大学出版社,2008.

③ 参考:刘贵利. 城市生态规划理论与方法[M]. 南京:东南大学出版社,2002.

上述各种城市生态学理论强调建立鼓励公众参与的城市调控体系,在城市生态规划中要求注重发挥城市绿色空间与开敞空间的作用,合理安排并协调建筑物的相邻关系,有效连接交通网和水网,加强城市流的设计与控制,实现城市生态功能分工。

3) 后现代生态学理论①

后现代生态学是美国学者怀特(D. R. White)1998 年提出来的。他发表著作 *Postmodern Ecology: Communication and Play*,强烈批判"工业文明"时代人与自然的关系,认为生态危机"是全球性尺度上的坏作品",是"人类单边主义"的恶果。他主张:应在全球尺度上考虑生态危机,不能"仅仅从人类单边主义出发,忽视其他生物";不能把自然看成是"可以随意处置的对象",他甚至批评:"现代化的过程:支配和统治的神话",并警告人类单边主义"直接后果就是不仅对人类生存而且从技术角度而言,都是灾难性的"②。

"后现代生态学"与"可持续发展"理论都是在相同的时代背景下产生的。可以说"后现代生态学"是"现代生态学"在可持续发展理论的影响、浸润、冲击下产生的认知飞跃和革命性的最新发展。它的出现,在环境生态理论方面为人类可持续发展理论提供了有力的理论支撑。

后现代生态学拓展到城市研究领域,并在研究方法上吸纳系统科学、复杂性科学在城市研究方面的理论成果,就形成了"后现代城市生态学"。它不同于过去城市生态学的特征是:认为城市不是建筑物的简单排列,而是一个复合生态系统,城市的发展必须与城市生态环境的承载能力相适应,与城市外围的区域发展相协调;要解决城市生态环境问题,仅靠科学技术是不够的,还需要人文社会科学的协同努力,需要全社会的关注、交流、探讨,需要市民的参与和城市社区的自我完善;城市又是一个"复杂系统,仅靠现有的理论知识和尚不完备的资料,还不足以避免城市发展中不可预知但可能出现的不良后果,还需运用环境影响测评、生态风险评估等方法来减少风险。"

---

① 杨小波,吴庆书. 城市生态学[M]. 北京:科学出版社,2000.

② 沈清基. 自然与人类命运的深刻思考——Daniel R. White 的《后现代生态学》评介[J]. 城市规划汇刊,2003(1):91-94.

2.3.2 景观生态学①②③

景观是一种人与自然复合的、具有复杂性和多种功能的生态系统。"景观生态学(Landscape Ecology)"是研究景观系统的空间结构、功能、演变及景观经营管理的科学,是生态学和地理学之间的新兴交叉学科。研究景观生态学的目的是认识和处理人类与景观之间的关系,优化景观的结构与功能,合理利用和有效保护景观资源,也为解决城市环境生态问题提供新概念、新思维、新方法④。

景观生态学的发展历史不长,20世纪40年代初才在欧洲产生。最早提出"景观生态学"的,是德国学者特洛尔(Troll,1939)。此后,更多学者加入研究行列,到60年代,景观生态学基本形成;北美起步稍晚,对景观生态的"思想"虽早有涉猎,但直到20世纪80年代才真正把它作为一个"学科"予以重视,并得到迅速发展。

景观生态学的研究内容新颖、广泛,颇有特点。它强调景观空间的等级结构、异质性、时空尺度性以及高度综合性,注意干扰因素的作用、人类影响和景观管理。当前的研究焦点主要是,不同时空尺度景观的生态系统的空间格局(或者结构,即异质性)和生态过程。其具体的研究内容包括:景观系统中各生态子系统之间和各景观要素之间的关系、相互作用和动态变化;景观系统生态空间格局的维持和发展,及其对生物过程和非生物过程的影响;景观系统中的生态过程控制、干扰的临界值、资源环境的经营管理、人类对景观及其各要素的影响,等等。

"景观生态学"研究至今,已取得较多成果,出现了颇有影响的北美学派和欧洲学派。北美学派的特点是擅长景观结构、功能要素的特征、关系及动态变化的研究,注意人与自然的和谐,同时在景观规划管理方面也有特色,已成为当代景观生态学领域的核心学派;欧洲学派强调人在景观系统中的积极作用,重视生态建设、规划设计。我国对景观生态学的研究还处于初期阶段,在学术思想上受北美学派影响较多,研究方向也主要集中在结构、功能、动态变化方面,在将景观生态学理论应用于实际的规划设计方面还相当

---

① 俞孔坚. 景观:文化、生态与感知[M]. 北京:科学出版社,1998.
② 杨小波,吴庆书. 城市生态学[M]. 北京:科学出版社,2000.
③ http://baike. baidu. com.
④ http://baike. baidu. com.

薄弱。紧密结合中国国情和经济社会发展的实际,加强理论研究和实际应用,是当前我国景观生态学研究者、设计者的重要任务。

2.3.3 文化生态学

"文化生态学"是运用生态学理论研究文化与环境的关系以及文化的环境适应性演变规律的科学。

1955 年,美国人类学者 J. H. 斯图尔德在其著作《文化变迁理论》中首次提出"文化生态学"概念,并用以研究地域性差异引起的特殊文化现象,取得了成功,从而建立了"文化生态"理论的初型,后来经许多学者的进一步研究充实而逐步形成[①]。

"文化生态学"理论主要有以下三个要点:

(1) 文化的环境适应性演变理论。这是"文化生态学"理论的核心。"环境"是相对于研究主体而言的。在这里,"文化"之外的一切因素都是"环境",包括经济的、社会的、自然的和文化内部的环境。"文化生态学"认为:文化与环境之间存在"交互作用",或者"双向互动"的"共生关系":一方面环境对文化施加作用,就影响文化的产生和发展,演变出不同的文化特征和文化模式;另一方面文化要对环境施加作用,就要引起环境的相应变化,导致人类的生存和发展受到影响,当然,这些影响可能是正面的,也可能是负面的。

(2) 变量整合研究方法。这是文化生态学的基本研究方法。在研究经济活动对某种文化的影响时,文化生态学认为:"文化不是经济活动的直接产物",二者之间还有人类活动、自然条件、社会文化等多种因素,即所谓"复杂变量",会对该种文化产生不同的影响;不应孤立考虑这些变量的作用,而应当把所有变量整合起来,在它们的交互作用中研究该种文化对经济的适应性演变;只有这样,才能正确揭示该种文化发展的特征和模式,真正弄清经济环境在文化发展中所起的实际作用。这种方法被斯图尔德称为"真正整合的方法",它对研究文化生态系统中其他因素对文化发展的影响,或者文化对环境的影响也普遍适用。

(3) 文化生态系统的结构模型。文化生态学认为:研究影响文化的各种复杂变量间的关系,比起研究单个因素对文化的影响更为重要。文化生

---

① 参考:http://baike.baidu.com。

态系统结构模型就是运用上述"文化的环境适应性演变理论"和"变量整合研究方法",研究影响文化的各种变量间关系的重要理论成果。它用一个多圈层同心圆的扇形来表达各个复杂变量对文化影响的地位和作用;作为受影响的"社会文化"放到同心圆的中心圈层;各圈层由内到外,按照对"文化"影响的"相关程度"由强到弱地排列各个"复杂变量",依次是"价值观念""社会组织""经济体制""科学技术""自然界"[①]。这个模型对文化生态学未来研究有一定参考意义。

2.3.4 生态规划思想[②③④]

1)生态规划理念

"规划"是城市设计和建设的先导。任何城市的形成和演变,都是城市的整体或各个局部在不同时期交替进行的一个"规划—建设—总结—再规划—再建设……"的动态过程。规划的形成,总是需要一些"思想"的指导。生态规划思想就是以"生态学"理论为主导的城市规划思想。目的是建立高效、和谐、健康、可持续发展的城市。

生态规划思想的起源,可追溯到 19 世纪和 20 世纪之交的两位人文主义规划思想家:一位是霍华德(E. Howard),提出"田园城市"思想(1898—1902),另一位是盖迪斯(P. Geddes)提出"区域综合规划"思想(1915),都是在寻求环境形态和社会结构形态都比较理想的城市模式,显示出他们对自然环境和社会文化深切关注的生态主义、人文主义思想光芒。但是这种规划思想从未成为"现代规划思想"的主流思想,而是被 20 世纪上半叶全球汹涌澎湃的工业化、城市化潮流冲到了岸边。

在"现代规划思想"中,占绝对主导地位的始终是以柯布西耶(L. Corbusier)为代表的"功能理性规划思想",还应注意到,在"现代规划思想"中,"理想主义"和"实用主义"也一直占有重要地位。功能理性规划思想集中反映在 1933 年国际建协发布的《雅典宪章》中,其特征是:只看重城市的物质空间和功能划分,忽视城市自然生态、社会文化和人的精神需求。这是一个物质空间决定论的规划思想。但是也应看到,这种规划思想相对于 19 世纪

---

① 参考:http://baike.baidu.com.
② 张京祥.西方城市规划思想史纲[M].南京:东南大学出版社,2005.
③ 黄光宇,陈勇.生态城市理论与规划设计方法[M].北京:科学出版社,2002.
④ 杨小波,吴庆书.城市生态学[M].北京:科学出版社,2000.

的"近代规划思想",是人类规划思想史上第一次大转变;二战后,它被广泛应用于西方国家的战后城市重建和发展中国家的城市化运动,起了重大指导作用。

在功能理性主义昂首傲视之下,生态主义、人文主义的规划思想从未低头,始终坚持走自己的路,发出自己的呼声。莱特(F. L. Wright)的"广亩城市"(1935)呼吁人们回归大自然。芝加哥学派的许多学者如 W. Burgess, L. Wirth, R. Park, D. Mckenzie, H. Hoyt, C. Harris, E. Ullman 等先后研究了城市社会空间与物质空间的关系、社会空间模型、城市中人与人的关系,建立了"社会生态学"。特别是该学派的人文主义大师芒福德(L. Munford)强调城市中"人的精神价值是最重要的",大声呼吁城市规划要注重社会文化和对人的关怀。1969 年,McHarg 出版了 *Design With Nature* 一书,阐述了城市与区域规划的生态学框架。

60 年代末起,西方社会进入了所谓"后现代化"时期。到 70 年代,全球冷战加剧,经济社会发展失衡,产业结构转型,城市问题凸现,社会矛盾加剧,出现社会动荡,对"现代规划思想"产生了巨大冲击。60 年代初就开始被批评的"功能理性主义"规划思想,遭到更多更激烈的批评,并引起人们重新思考,导致 1977 年国际建协《马丘比丘宪章》的诞生。它标志着城市规划思想史上的第二次大转变:由单纯物质空间塑造转向更加关注自然生态、社会文化问题,生态主义、人文主义思想第一次真正进入主流规划思想的行列。应当看到,不同的规划思想都有它合理的内核,也都有它的局限,单靠某一种思想,不可能解决全部问题,它们往往是互补的。因此,以上的"转变",并不意味着对《雅典宪章》所代表的现代规划思想的全盘否定和完全取代,而是一种辩证的"扬弃"和螺旋式的"提升",或者是一种补充和修正。《雅典宪章》至今仍然是规划中的重要纲领性文献,其中很多内容仍然继续有效。这样,就出现了一个理性主义、生态主义、人文主义等多元化指导思想相结合的所谓"后现代规划思想"的初步框架。但这个思想仍需继续发展、完善。此后全球关于城市环境生态和社会文化生态的研究深入开展,取得了一系列重要成果,同时《新城市主义宪章》(新城市主义会议,1996)、《北京宪章》(国际建协,1999)相继出现就证明了这一点。

20 世纪和 21 世纪之交已确立的"可持续发展理论",是全球应对面临的环境生态危机和人类生存危机,保证经济、社会、环境可持续协调发展的纲领和战略。生态环境问题是重点问题,但只是问题的一个方面。因此,不能以城市生态规划问题取代城市的总体规划和建设,而应当以可持续发展理论为总的指导思想,把生态城市规划,同城市及外围区域的经济、社会、文化、环境等各方面的规划建设联系起来,统筹考虑,才有可能真正解决好城市全面、协调、可持续发展问题。

2) 生态城市——城市可持续发展的新型生态模式

城市环境的恶化使全球的生态学家、城市规划师们更加关注如何优化城市的形态与结构、建立可持续发展机制以及实现社会和谐等内容。生态规划思想在城市形态发展的实际应用中衍生出的"生态城市"概念(联合国教科文组织1984年提出)逐渐成为城市发展的理想目标,其理论成为判定城市形态是否合理的必要评价标准。

由有关生态城市的理论与实践经验分析可知,国外研究的特点是理论紧密联系实际,重视针对性规划及其实施的技术性内容,如低密、交通、节能等具体的现实问题。而我国则多处于宏观层面的理论研究和应用层面的建设原则研究阶段。

在"生态城市"概念诞生以后,一些与它类似的城市生态模式也应运而生。本章对其中典型的理念作了简要的总结归纳(表2-8)。可以看出,其共同本质均为创建人和自然、社会高度和谐的栖息环境,与生态城市的建设目标殊途同归。从目前成都的生态城市建设实践来看,尽管有2006年获得"国家园林城市"称号以及2007年获得"国家森林城市"称号的成绩,在创建生态市、生态县、生态村上也付出了不少努力,但离建设生态城市、实现城市形态可持续发展的目标还有很长的路,而且在相关领域的理论积累还需加强。

表 2-8 城市可持续发展的新型生态模式

城市发展模式	代表人物及机构	发展理念
山水城市	钱学森 (1990)	强调城市和自然的关系,将常规意义的"生态"范围拓展至美学、中国传统文化等文态环境,将中国山水园林营造艺术应用到城市建设中; 缺乏较系统的理论框架,对城市的经济与社会属性关注较少
绿色城市	大卫·戈登 (1990)	绿色城市是人、自然、生物材料与文化资源协调共生的"凝聚体",能自给自足,实现生态平衡; 注重保护人类的健康,倡导人在生态环境中参与各种活动,摄取"绿色"食物,建设可持续的生态城市

城市发展模式	代表人物及机构	发展理念
园林城市	中国建设部（1992）	满足人对大自然和社会环境的需求,体现在城市中也能享受山水自然情趣的城市美学原则,创建人和自然共生的城市环境; 依据园林城市的基本指标如人均公共绿地、绿地率、绿化覆盖率等进行综合评价
森林城市	美国世界观察研究所（1999）	构建人—自然—社会相互协调的可持续发展城市;"国家森林城市"（中国）概念:以森林植被作为城市生态系统的主体,实现城乡一体化发展的生态规划思想,制定相关评价指标
正生态城市	吴志强（2006）	"和谐城市":负生态城市—生态城市—正生态城市(图 2-3);尊重自然;人—自然—社会和谐共处;城市归属于生态循环的大系统中,不仅是减少能耗、零排放,还应实现资源与能源的再生,达到负排放

（表格来源:笔者根据相关文献资料整理绘制.）

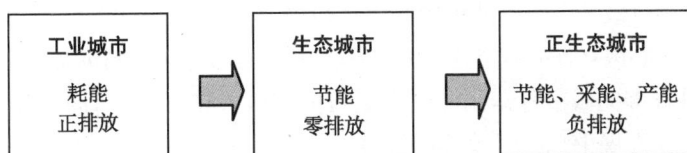

图 2-3　正生态城市

（图片来源:吴志强.世博会构建"正生态"城市概念[J].地理教学,2006(7):44.）

2.4　当前影响较大的新型城市形态相关理念

城市形态的研究作为城市规划的核心内容之一,其发展模式与目标直接影响到城市规划的编制与实施,具体涉及城市拓展方向与整体格局、交通结构、城镇体系分布、产业布局以及城市风貌、城市社会文化等方面。在成都城市高速发展的今天,了解国内外大城市的城市形态发展的新理念及其实践,汲取其经验,对研究成都未来的发展具有深刻的意义。

笔者虽在前面已对城市形态的相关理论作了阐述,然而,20 世纪 90 年代以来,这些理论不断完善,已逐步走向系统化,另外还产生了一些新型理念,这些均来自于当代城市发展经验与人们的现实需求(图 2-4)。目前,多学科的相互渗透研究,已作为城市形态探讨的主要方法而被广泛运用,从生态学、社会学、经济学、地理学、文化学等多种视角对城市形态的研究已进一步深化。本章在此作较为全面的梳理,不仅是对第 3 章内容的必要补充,也希望为后面探讨成都城市形态的发展对策提供一些现实依据和借鉴。

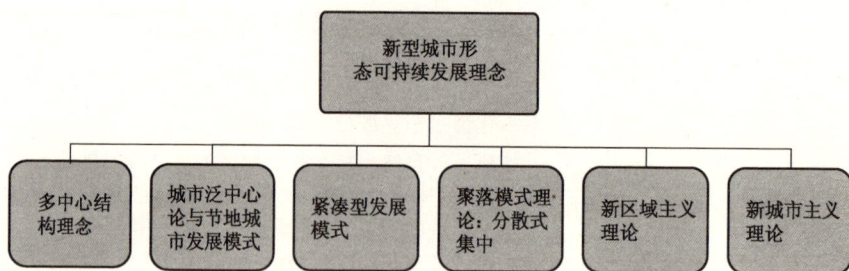

图 2-4 当前影响较大的新型城市形态相关理念

(图片来源:笔者归纳)

(1) 多中心结构理念

在早期生态学理论中已述及多核(中)心理论,发展至今愈亦受到推崇,普遍认为必须打破城市原有的单中心形态格局,而代之以多中心结构,建立一个或多个与核心区互补的城市或郊区副中心,构筑集散适当的新形态秩序。

国外许多大城市曾运用此理念进行的实践尝试,虽然时间较早,但从几十年的实际发展中总结经验教训是很有必要的,这可以对正在或今后采用此模式进行建设发展的城市提供有用的借鉴。例如,莫斯科、巴黎、东京、汉堡(德国)、斯塔德(荷兰)等城市的规划实践,均先后经历了从单中心走向多中心的形态模式演变。以下是对两个单核城市形态演变案例的简析:

① 莫斯科多中心结构

1971 年,特大城市莫斯科在 800 多平方千米的面积内已容纳了 800 万城市人口,对此,总体规划中提出多中心的发展战略,以进行合理疏散(图 2-5)。城市用地从结构上分为 8 个规划次结构,所有次结

图 2-5 莫斯科多中心总体规划

(图片来源:张京祥.西方城市规划思想史纲[M].南京:东南大学出版社,2005:157)

构都有其中心和完善的生活服务配套设施。各次结构(组团)与中心城之间、各次结构之间均由大片森林阻隔。最初的实践确实是在分化单中心城市形态模式、保护历史遗存,改善环境条件等方面起到了较好的效果。但是,在城市的继续运行中,多中心规划的实施仍产生了一些不适应的问题,继而又在以集聚化为主的发展背景下,很快地又被中心城市的蔓延所淹没。

② 东京"城市轴"结构

20世纪60年代,经过研究对比,丹下健三设计团队提出了关于东京规划的"城市轴"结构理论(图2-6)。该规划思想源于生物的脊椎结构,"城市轴"的直观特征为其链状交通体系。该体系将近似于生物脊椎环结构的"环"作为基本构成要素。在演化的任一时期,交通系统始终保持恒定,能一定程度上实现城市结构的开放性与高效性。不过,此构想比较脱离实际。之后,东京在都市开发(1986—1995年)中规划了四个副中心、多个郊区中心,分担市中心和市区的部分功能,郊区中心间连以高效的快速交通,促进了东京城市形态的多中心演变。

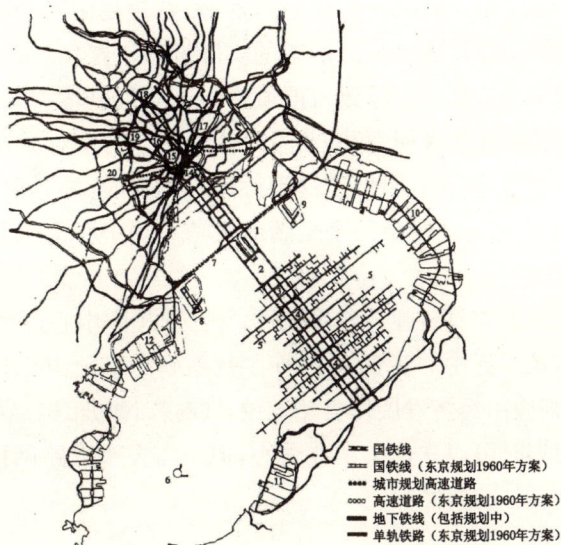

图 2-6　东京"城市轴"结构

(图片来源:中国城市规划设计研究院.成都市城市空间发展战略研究[Z].2003.)

面对城市持续涌现的人口和产业向中心的高度集聚现象,目前我国许多城市都提出了采用"多中心"发展的形态结构模式,如上海、苏州、广州等许多城市纷纷在做多中心发展的尝试。可见,多中心模式已成为用以解决城市中心过度集聚、大量产生"城市病"问题的重要策略,它是解决单中心城市形态模式发展矛盾的有效手段,正逐渐成为城市形态发展的重要趋势之一。

(2) 城市泛中心论与节地城市发展模式[①]

"后汽车时代"的来临,使城市交通拥塞、环境污染,也影响到人的出行方式。于是,近年来出现了一种新型城市形态发展观——"城市泛中心论"(董国良等,2006)。这种观点认为,当前的城市形态与结构类似于象棋棋盘,不能很好地适应各个中心区位与边界的不断演变。进而提出城市形态发展应参照围棋棋盘的格局,因为其结构不分主次,所有棋子是平级关系,这与信息网络相类似——即"泛中心"的理念,由下棋者掌握主动,这被认为是人文主义精神的体现。因此,城市任意位置均有成为中心的可能性,不需要确定"中心城""界河"的位置,每个中心的区位是在发展过程中形成并能不断修正的,此即"城市泛中心论"。这种理念还认为城市的发展是无极限的(道萨·迪亚斯),那么,在规划中若干中心被预先指定的那种发展观,会和城市未来形态的实际发展不符,城市中心的过度集中和衰败必然产生,这也是导致目前城市形态发展窘境的根源。"泛中心化"的思想,使"城市互联网"得以诞生,它激发了当代对城市规划理念的进一步探究。其普遍的适用性、"泛中心性"以及任意的延展性,给今日的城市规划思想与建设提供了一个全新的视角。泛中心论包含以下思想:

① 系统弹性

城市形态发展应具备弹性与可塑性,无必要锁定中心位置,以符合现代城市发展的需求。泛中心论的关键所在就是确定必须由规划所决定的部分,其余中心则应由经济发展作自然定位,同时探讨城市格局如何有序地调整问题。在规划时可以先选中某些中心,但不需要采取路网构架将其牢牢锁定,以留出发展的弹性空间。

② 均质路网

泛中心理论认为,城市路网作为实现泛中心化的物质基础,不要规划

---

① 董国良,张亦周.节地城市发展模式——JD模式与可持续发展城市论[M].北京:中国建筑工业出版社,2006.

成环状加放射的向心型路网结构,或者道路布局向各中心呈聚集态势,以避免交通流向核心区域形成集中的压迫。提倡采用通行效果有保障的均质路网(通常由快速路构成)。和当前城市形态结构作比较,当所有道路通行效率提高5倍之后,可实现所有区位都可以成为"中心"而交通网都能达到所需交通容量,各中心所在区位均能按照未来发展要求做出相应的调整,为城市的不断扩张提供不可或缺的"系统弹性"保障。当前,成都中心城区的路网格局就是放射状环路,中心压力极大,城市更新、调整的难度也很大。

③ 节地城市发展模式("JD模式")

该理念认为,现代城市因为土地竞租而导致地价结构状况不正常。核心区土地价格高,离核心越远则越低廉,这种现象极不利于城市形态的合理发展。然而事实上,城市各区位的房价有所区别,正是通勤消耗差异的体现。提出"JD模式"的学者认为,若实施该模式,由于任一区位的交通出行均很通畅,所以可取消红绿灯的设置,平均车速为60 km/h,则各地块的地价差异会变小。城市半小时经济圈的辐射效力可在300万人的基础上扩大10倍,城市中每个地点在交通通行率上没有太大差异。因此,这些学者认为均质路网为城市形成合理的形态格局提供了必要和良好的基础。

鉴于上述原因,"泛中心论"学者认为,泛中心化、紧凑、交通高效顺畅、户外空间宽松等,应是城市发展的新型规划理念;未来的交通方式会大力提倡公交先行、鼓励步行、自行车出行的方式;节地型城市形态是仅有的可持续性形态,这一观点比较绝对。董国良等学者指出,这种模式不但能通过节省土地、燃油等资源,实现投资节省约75%,而且不会交通堵塞,没有解决步行与停车的困难,城市绿地率可达到50%以上。同时,希望实现几项人性化的目标:第一,城市中设三套立体路网,实现行人、机动车、非机动车完全分离,其交通均很通畅,彼此间不存在平面交叉;第二,城市开敞空间不受汽车噪音和视线的干扰,户外活动的舒适性高;第三,公交系统完善、高效且满足24小时"零距离换乘"的要求。

(3) 紧凑型发展模式

该理念的产生是基于对当今世界城市的交通拥堵和环境污染等现象的反思,引起了对城市形态紧凑型发展模式的广泛探讨,希望用以解决或者改善城市形态的可持续发展问题。1990年欧洲共同体委员会(ECC)公布的

《城市环境绿皮书》,依照环境质量控制标准,提出了解决上述问题的策略——发展高密、紧凑、环保的城市:对城市土地利用进行合理规划、综合开发,提高土地的综合利用率,减少小汽车使用给资源环境造成的浪费、污染、土地占用等问题。

学术界关于紧凑型发展模式的讨论,也带来了集中与分散两种对立模式的激烈纷争。实际上二者是对立与统一的辩证关系,不应片面对待。

① 支持态度

对城市形态可持续发展的研究,使"紧凑城市"(Compact City)理论受到越来越多的关注和支持(表2-9),可以说,它是进入21世纪以来最受国际关注和影响力最大的城市规划思想之一。

表2-9 对紧凑型发展支持的学术评述[1][2][3]

主要代表人物	时间	对紧凑发展特征的学术评述	
Newman, Kenworthy	1989	高密度的土地利用;密集的城市活动	有利于环保与资源的利用,以及社会的和谐等方面
Elkin 等	1991	土地利用紧凑化、整合化;城市功能密集化;居住密度高	
Owens, Rickaby	1992	集中化发展和分散化聚集的住区模式	
Fulford, Hillman, Nijkamp, Jenks 等	Jenks,1996[《紧凑城市:一种可持续发展的城市形态》(周玉鹏等译,2004)]	高密集度与综合利用式开发、高密居住;城乡边界与景观突出;社会公平;可持续的集体化交通模式;缩短交通距离;环保、降低排污;关注社会和经济的需求;生态可持续、多样化的生活方式	
Breheny	1997	城市高密度发展;复兴城市中心区;提倡功能混合;优先发展城市公交;保护农田、节约能耗	
丁成日 等	2005	高密度可有效遏制城市空间的增长,恢复利用被废弃与被污染的城市用地,改进基础设施状况	
仇保兴 等	2006	强调混合使用和密集开发的策略;包含地理概念,更强调城市内在关系的紧密性与时空概念	

(表格来源:笔者根据相关文献资料整理绘制.)

支持者认为,紧凑发展有利于资源保护与尽可能减少排污排废;有利于

---

① Hildebrand Frey. Designing the City:Towards A More Sustainable Urban Form[M]. London:Taylor & Francis,2001.

② http://www.wbiyelunwen.com.

③ Breheny M. Urban Compaction:feasible and acceptable[J]. Cities, 1997,14(4):209-217.

保护农田与生物的生存环境;有利于保障方便快捷的城市公共交通,改善基础设施分布与服务质量,实现社会公平;有利于提高城市就业率,提升城市的经济集聚力,保持城市形态的良性发展。

② 质疑与反对态度

也有些学者认为,紧凑的城市发展模式是否具有合理性,是否是可持续发展的重要途径,目前还缺乏充分的实践来证实。也有学者指出,紧凑型发展忽视了当前正在分散发展的现实趋向。他们的主要观点见表 2-10。

表 2-10 对紧凑型发展质疑与反对的学术评述

主要代表人物及时间	质疑与反对紧凑发展的学术评述
Smyth(1996)	完善便捷、舒适快速的公交系统发展可能引起城市沿主要交通轴向外分散发展
Bannister(1992)	特大城市的运行效率会低于中小城市(镇)(假设导致的原因为:交通拥挤)
布雷亨尼	紧凑发展会出现能源利用、人口疏散、郊区生活质量、乡村经济发展等问题
王放(2000)	由于紧凑的目标利益是建立在损害社会、经济和生态环境的基础之上,因而对于城市和郊区居民而言均具有不可持续性
其他学者	忽略城市发展中城乡共生关系的重要性

(表格来源:笔者根据相关文献资料整理绘制.)

这些学者指出,一旦发展紧凑型模式,其后果必然呈现过度集中的就业、生活、公共服务中心等,使得地价不断攀升,而且市内交通会更为拥挤,人居环境和生活质量下降。所以,城市如果采用适度的分散布局就能够缓解社会矛盾,城市内分布着若干聚集度高的中心,而所有中心的外周均布以低收入住户群,减少阶层分异现象。

总之,由于各国城市的发展环境有所差异,因而在对于紧凑发展城市模式的态度上也不尽相同。发达国家更重视绿色开发和增加开发强度,以及恢复城市中心活力等内容。而发展中国家则注重可持续的"发展"内容,并普遍赞同紧凑发展具备一定的优越性:提高城市建成区密度与人口密度;形成高效紧凑的城市形态与空间结构;提高环境、经济、社会发展的聚集度,促进其共同的持续发展。

紧凑发展模式目前被多数人认为是最可取的城市形态可持续发展模式,并且成为当今众多欧美国家的城市规划战略。近年来,澳大利亚已经启动了紧凑发展的规划策略,以缓解城市面临的环境压力问题;2005 年,英国也将紧凑发展定为国家在土地利用方面的重点发展战略[①];另外,美国提出了"精明增长"的理念(具体的介绍内容置于本节第(6)条"新城市主义理论"中),希望以紧凑发展的指导思想改善城市形态结构过于松散的状况。

(4) 聚落模式理论:分散式集中

一些学者在质疑紧凑发展模式的同时,提出了另一个可持续发展观,就是"分散式集中"——一种"折衷"的聚落模式。该理论认同集中理论的紧凑发展思想,强调城市的控制与城市再开发,以获得适当的城市总体密度;同时也主张人口与就业往乡镇扩散,这也是顺应当前趋势的需要,而且分散更能推动公共设施及公交体系的建设与完善。实际上,它涉及了城市多核发展或区域化发展的倾向,即在城市紧凑发展的同时,又生长出多个城镇或城郊的中心——次级中心,对市中心起到一定的疏散作用。因此,聚落模式理论强调的是基于分散思想的集中,当然,它还需要有相应的政策指导来实现。

(5) 新区域主义理论

在经历了世界范围的城市化(18、19 世纪)和大都市革命(20 世纪 50～70 年代)后,20 世纪 90 年代以来,经济全球化使得区域空间拓展的弹性增加,世界进入区域革命的时代。由于区域经济的增长,使城市空间逐渐转向区域性空间的发展,区域已被视为世界竞争的空间组织构成单元,成为经济全球化进程中的重要驱动力。由此,世界范围内掀起的新一轮城市形态区域化发展浪潮,使新区域主义(New Regionalism)的概念诞生。该理论认为,区域是使社会、经济、生活相融合的优越模式,为城市的发展提供重要的竞争力。

相对区域主义(Regionalism,20 世纪五六十年代)而言,新区域主义的内容与实施规划已较前者有所变化和补充,并且与生态、可持续发展等当今世界性主题息息相关。新区域主义主张空间高效利用、环境生态、社会公正、"社会多极化",以及自然生长和人为导向的有机结合。21 世纪以来,伴随着区域一体化发展,我国学者越来越关注对城市群(带)、大都市区的探讨。这些地域概念的产生是由于一些大城市发展突破原有的地界,将周边地区纳入其中而形成的。新区域主义实际上是关于当代区域

---

① 澳大利亚编制了《墨尔本 2030——可持续发展的规划》,英国制定了《可持续发展英国的战略》。

发展的理论与方法体系,也是一种空间政策,近年来已成为世界各国大都
市的发展导向。

　　例如,欧盟(EU)制定的《欧洲空间发展展望》(ESDP,1993—1999 年)
(图 2-7,图2-8),发展原则为[①]:①均衡、多中心的区域发展模式,确立新型
城乡结构;②确保平等地享有公共服务及知识;③保护生态环境与文化遗
存。并且,进行了大量的区域规划,希望由此形成城市相互间的战略性合
作。如大巴黎地区规划(1992)、大伦敦发展战略规划(2002)、荷兰的兰斯塔
德地区规划等等[②],这些空间规划项目积累了丰富的理论和实践经验。我
国的吴良镛(2002)在京津冀地区的城乡空间发展规划中,提出了城市发展
轴、"葡萄串"型城镇组团、绿心的形态模式发展构想[③],希望建立可持续的
区域性人居环境。

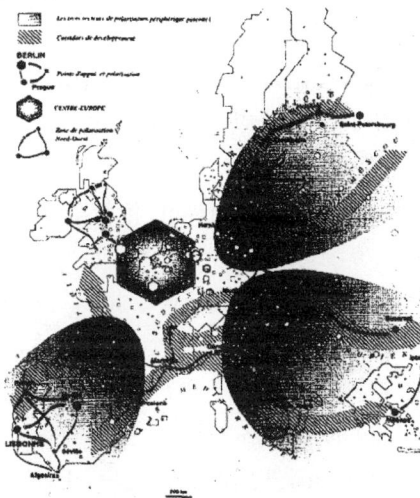

图 2-7　未来发展廊道和增长极

(图片来源:杨振山,蔡建明.国外多中心
规划理念与发展经验对中国的借鉴作用[J].
国际城市规划,2008,23(4):71-77.)

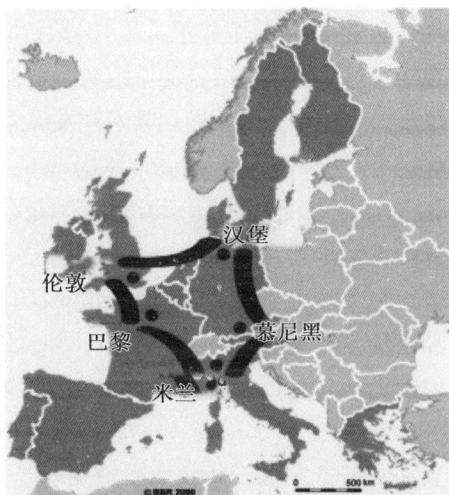

图 2-8　"20-40-50 五边形"示意图

(图片来源:姜涛.西欧 1990 年代空间战略
性规划(SSP)研究——案例、形成机制与范式特
征[M].北京:中国建筑工业出版社,2009:42.)

----

　　① 姜涛.西欧 1990 年代空间战略性规划(SSP)研究——案例、形成机制与范式特征[M].北
京:中国建筑工业出版社,2009.
　　② 张京祥.西方城市规划思想史纲[M].南京:东南大学出版社,2005.
　　③ 吴良镛.京津冀地区城乡空间发展规划研究[M].北京:清华大学出版社,2002.

（6）新城市主义理论

二战后，北美城市无序的城市形态蔓延现象导致了城市严重的"增长危机""非都市化"，出现内城衰落、城市运行低效、环境恶化等种种矛盾。J. 康斯特勒（1993）提出应从传统规划中提取恰当元素，改善工业与现代化带来的无序、不受节制的城市发展状态，此即为"新城市主义"（New-Urbanism）思想。它是对西方过去城市复兴、更新政策的持续推进，是对资源严重浪费现象的反思，已成为近 20 年来西方国家城市规划中最重要的探索方向之一。

"新城市主义"主张借鉴欧美小城镇空间规划的良好传统，恢复城市人文价值，注重空间形态组织，维护原有面貌，尤其是城市的传统尺度。其核心思想是，强调复兴旧城中心区，倡导人性回归，挖掘适应现代生活的新功能，恢复其活力；确立新型邻里关系，保护传统文化和自然景观，塑造出多样化、与现实生活环境有机结合的城镇场所精神和紧凑社区，取代郊区无节制增长的发展模式。后来则发展到紧凑开发模式的研究。基于以上思想，新城市主义者提出了 TND、TOD 与 Smart Growth 三种发展模式[1]：

① TND 模式（Traditional Neighbourhood Development，传统邻里发展模式）

由 DPZ[2] 于 1981 年创立，并成功设计了美国的海滨城（Seaside，1981）和肯特兰住宅区（Kentlands，1988）。TND 模式是从侧重于小尺度的城镇内部街坊角度提出的，认为可持续的城市与社区必须宜于步行，有高效的公交体系，且适宜邻里交往的紧凑模式。TND 的形态格局是：社区半径大概为 400 m（5 min 步行距离），道路间距 70～100 m，外围设有绿化带，土地功能混合，住宅类型丰富，提供邻里社交活动场所。TND 被概括为高密度开发的"簇状社区"。

② TOD 模式（Transit-Oriented Development，公交主导发展模式）

彼得·卡尔索普（Peter Calthorpe，1993）从侧重于城市区域的层面提出了 TOD 模式，并制定出详尽具体的准则，其实践作品为美国的拉古纳韦斯特社区。TOD 主张城市土地功能的高效复合化，注意增加居住密度，使

---

① 熊国平. 当代中国城市形态演变[M]. 北京：中国建筑工业出版社，2006.

② 安德雷斯·杜安尼（Andres Duany）与伊丽莎白·普拉特（Elizabeth Plater-Zyberk）夫妇，简称 DPZ。

住宅与配套的多项公共设施相混合,并将区域性的交通节点视作核心,采用不拘于形式的格网道路骨架。为了减少车流交通量、提高步行化程度,社区里的街道应较为狭小,平均车速是 15～20 mi/h。在此模式下,私人交通的优势为公交所替代。

③ "精明增长"模式(Smart Growth)

这是 1990 年后北美学者针对城市的无序增长趋势所研究出的应对策略,即对土地开发实施管制,从而增强空间扩展的综合效应。"精明增长"模式强调城市建设必须紧凑,这样才能构建起高密度的城市组团,它们之间又隔以大面积绿地。各组团的生产生活须进行合理混合,而在此过程中应保持生态平衡和生活的舒适度,注意扩展多种交通方式,并以公交和步行交通为主。目前,"精明增长"已经成为美国现代城市规划的法则。其主要目的是:人人受益;实现经济、社会、环境的公平;新旧城区投资机会均等。在规划方面,"精明增长"强调对城市边界的控制,确定出城市发展的各类区域,然后推进"优先资助区"的建设,严格控制"非优先资助区"。

总之,这三种模式均为"新城市主义"理论中关于当代城市形态重塑的代表模式,它们成功地实现了紧凑性、多样性、步行化、社区感、俭朴性、人性尺度和尊重环境等传统与现代价值观的有机结合。

以上各类当代新型的城市形态发展理念研究,反映出人们对生态环境保护、人、自然与社会协调发展的价值观,为成都城市形态的可持续发展目标的确立提供了极有意义的参考。今天,城市形态的可持续发展研究正日益走向综合型的多学科渗透领域,我们必须系统全面地去把握它的未来走势。

3　城市形态的演变与动力机制

3.1　城市形态的历史演进

　　我国幅员辽阔,各城市的地理环境、人口经济状况、历史文化条件、建筑形式等迥然不同。因而,在历史发展过程中,形成了各自独特的城市形态传统特征,并得以延续。这些特征不仅成为城市不同时期发展的历史见证,更是城市地域文化多样性的体现。本章以历史文化名城——成都进行实证研究,运用城市形态学等方法,立足生态观角度,整体、动态地看待城市可持续发展的问题。此中,非常有必要对城市形态的演变进程进行剖析,归纳与总结城市形态的变化规律及动力机制,以研究地域化的城市发展模式与人居环境,促进城市形态的发展,实现可持续性。

3.1.1　成都城市概况

　　(1) 地理区位

　　成都是一个综合开放性的特大城市,它位于四川盆地西部平原,地处其核心地带,是四川省政治、经济、文化中心和西南地区交通、通讯、旅游枢纽。成都位于云贵高原以北,秦岭山脉之南,东及东北向和资阳、德阳相连,南及西南向与眉山、雅安接壤,西北向与阿坝相连。成都市在各方面的优势使之成为中国西部最重要的中心城市之一。通过卫星遥感图可看出,成都市区处于"两带"(龙门山、龙泉山山系)、"两线"(岷江、沱江水系)之间(图 3-1)。

　　成都市东西长 192 km,南北宽 166 km,属内陆地带。成都市域总面积 12 121 km²(2014 年),下辖 10 区、4 市(县级市)、6 县;25 乡、181 镇、111 街道办事处;1 536 社区委员会、1 922 村民委员会[①]。根据《成都统计年鉴》

---

　　① 《成都统计年鉴》(2015)

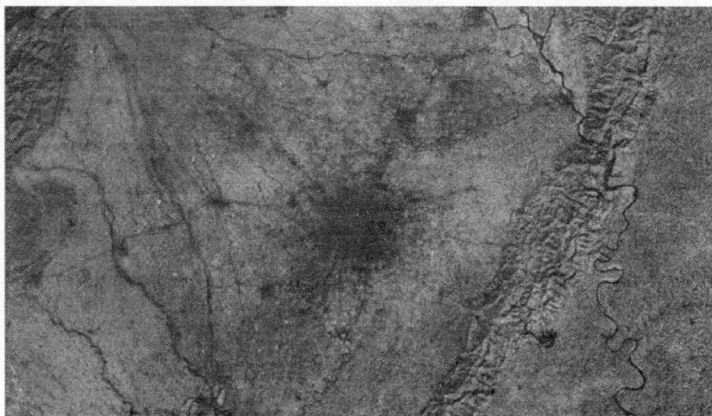

图 3-1 城市形态的内涵

(图片来源：http://cimg20.163.com)

(2015)，全市总人口达到 1 210.74 万人，市辖区建成区面积604.1 km²[①]，是典型的大城市带大乡村的现代都市。

（2）发展简况

成都历史悠久，是蜀汉文化孕育与发展的中心，拥有 3 000 多年的建城史[②]，它不仅是成都平原经济区的核心城市，也是有名的历史文化名城。成都的历史可以说是割据势力与历代王朝政权抗衡的发展过程。作为西南地区开发得最早的城市，两千多年来成都始终保持城名不改、城址不徙、历劫不衰，这在中国城市史上可谓奇迹。

以古宝墩文化（新石器时代晚期，距今 4 500～3 700 年）、三星堆文明（距今约 3 700 年）等为代表的城市起源，使成都平原成为长江上游文明的核心。成都古代经历了两个城市经济文化发展的鼎盛期——秦汉与唐宋。近代时期，由于自然、经济、人文等多种原因，城市发展远落后于东部沿海城

---

① 成都市统计信息网 http://www.cdstats.chengdu.gov.cn

② 据确切文字记载，成都建城有 2 300 多年的历史，即从公元前 4 世纪蜀国开明王朝迁蜀都城至成都开始。而随着宝墩古城、三星堆古城、金沙遗址以及成都十二桥宫殿建筑群遗址的挖掘，何一民等专家学者提出，早在 4 500～3 500 年前，成都平原已具备产生城市的背景条件，也正是成都早期城市初步形成期，后开明王朝迁都成都才形成较完整意义上的城市，因而成都应是具有 3 000 多年建城史的文化古城。具体参见：何一民. 长江上游城市文明的兴起——论成都早期城市的形成[J]. 中华文化论坛，2002(2)：33-39.

市,近代化的进程较为缓慢①;现代时期尤其是改革开放以来,成都作为国家规划定位的西南地区的"三中心、两枢纽",在基础设施建设、产业结构调整等各方面成绩斐然,形成了一定的区位、经济、科技和市场方面的优势。

3.1.2 成都城市形态演变的生态进程②

成都城市为何有生命力?答案需从历史的研究中找寻,此与探索未来也有着很大的关系。由于城市形态是动态发展的"历时性"表现,其不仅承载着城市的发展脉络,也反映着城市历史变化的形态特征。因而,过程描述是城市形态研究的必要手段。当前,随着城市化进程的加快以及信息时代的来临,成都的城市空间形态发展已进入一个崭新的阶段。对各阶段形态的剖析,能帮助我们了解城市形态各要素特点及相互间的关系,把握形态演变的规律与动力机制,同时也对成都城市的生态保护规划以及城市形态的持续发展研究提供一定的参考和借鉴。

成都城市的发展历程、文化兴衰以及历史遗产,均根植于优越的自然条件和浓厚的历史底蕴,形成了独具特色的城市形态。城市形态的发展是一个漫长的历史过程,现状形态往往是不同历史阶段城市形态"拼叠"的结果。可以说,成都城市形态的发展是一个"城水交织"③的生态进程,此中,几千年发展而来的自然环境生态系统一直得以较好的保护和延续,其中包含着人与自然、人与社会的关系。成都城市形态的历史演变从古至今大致经历了三个阶段:原生聚合阶段、平稳发展阶段和扩展改造阶段(图 3-2)。

(1)原生聚合阶段·对水的躲避

本阶段的城市形态发展反映出先祖在选址上巧于因借的原始生态思想。成都平原最早出现的人类族群是蚕丛、柏濩和鱼凫,古蜀人经历了这"三代蜀王"以及之后的杜宇、开明等数度文明,逐渐由岷江上游的山峡区迁至成都平原。约公元前 2500～1700 年,成都平原步入城市起源期④,并形

---

① 《成都》课题组. 成都(当代中国城市发展丛书)[M]. 北京:当代中国出版社,2007.

② 本节内容主要源自笔者等人合作发表的论文:陈岚,曾坚,周波. 成都城市空间形态的生态进程与可持续发展研究[J]. 建筑学报,2009(12):14-17.

③ 参见:成都市规划设计研究院. 成都市城市空间发展战略研究·专题研究[Z]. 2003.

④ 段渝,邹一清. 成都城市史论述[J]. 成都文物,2004(3):9-15.

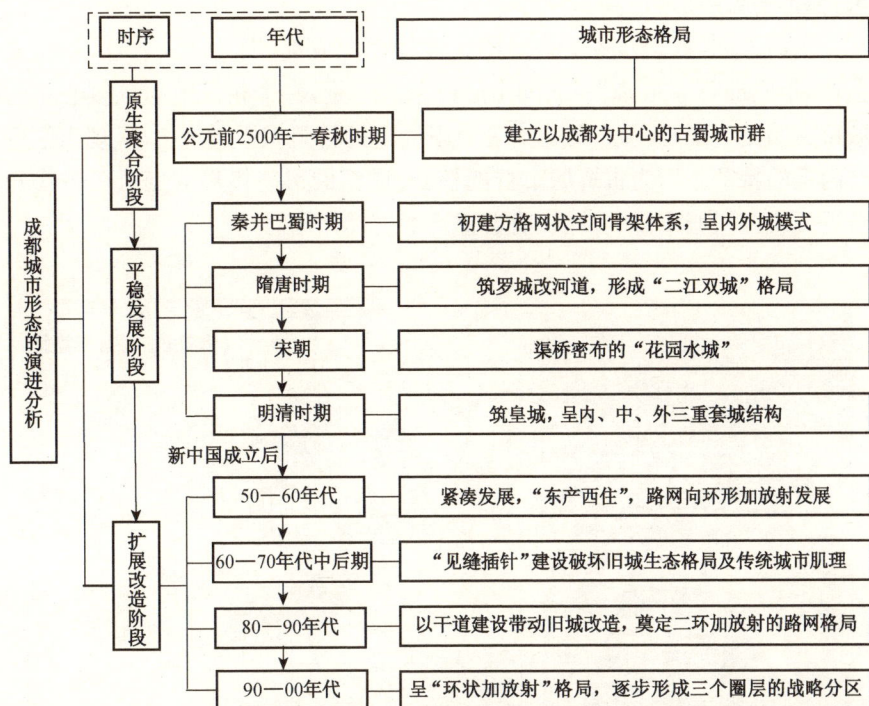

图3-2 成都城市形态的生态演进

(图片来源:笔者自绘.)

成"宝墩古城"(今新津县西北)、"芒城"(今都江堰以南)、"双河古城"(今崇州以北)与"紫竹村古城"(今崇州西南)等沿岷江呈东南向线形分布的古城群[①]。公元前1700年左右又兴起三星堆文化(今广汉)、以金沙遗址为核心的十二桥文化(今成都二环以西,图3-3)等古蜀都城。

水是古成都原生时期出现聚合的核心要素,它深刻影响着古成都城市形态的形成和发展。成都平原地区水源丰富,城镇多是伴水而建,但成都最初的形成却是由于对水患的躲避。虽然成都平原河网密布,有利于灌溉,但却无法应对水灾,"江水初荡潏,蜀人几为鱼"[②]正是当时水患情形的写照。于是,在成都平原上便出现了郫邑—新都—广都—成都这条向南迁徙、治

---

① 成都市规划设计研究院. 成都市城市空间发展战略研究·专题研究[Z]. 2003.

② 岑参. 石犀[Z].

水、择都的弧线形历史轨迹①。

　　东周末期(战国),古蜀王开明九世迁都至成都(图 3-4),取意"一年成邑,二年成都"②,"成都"一名即由此而来。于是,一个相对独立且核心化的城市文明诞生了,其城市形态有着自下而上的自组织形成规律,呈现出原生与内聚的特征。作为古蜀城市群的核心,成都的形态格局演变对于古代乃至近现代四川城市群的发展,有着重要的推动作用。

图 3-3　金沙遗址发掘现场

(图片来源:肖平. 成都物语[M].成都:时代出版社,2005:197.)

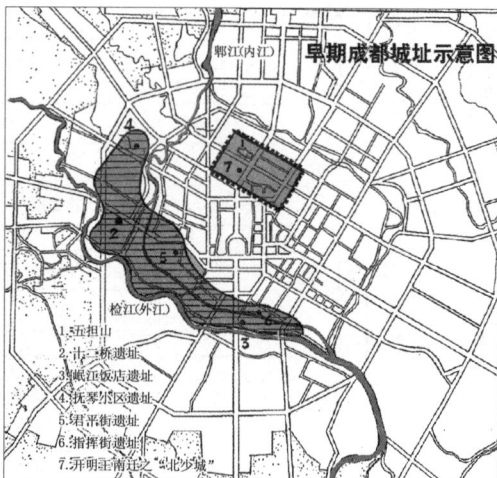

图 3-4　早期成都城址示意图

(图片来源:根据应金华,樊丙庚. 四川历史文化名城[M].成都:四川人民出版社,2000:17.进行填色及线条加工)

　　(2) 平稳发展阶段·与水的融合

　　从秦并巴蜀延续到明清时期,展现了古代至近代的营建模式。由于政治、经济、文化、环境等因素对城市空间发展产生的重要影响,使成都经历了四次建设浪潮③(图 3-5,表 3-1)。

---

① 毕凌岚,锺毅. 成都历史文化内脉及保护建设浅析[J]. 华中建筑,2002(1):36-37.
② 乐史. 太平寰宇记[Z]. 卷七十二.
③ 董云帆. 蜀墟商木源头远——成都城市空间历史模式初探[J]. 四川建筑,2000(4):9-10.

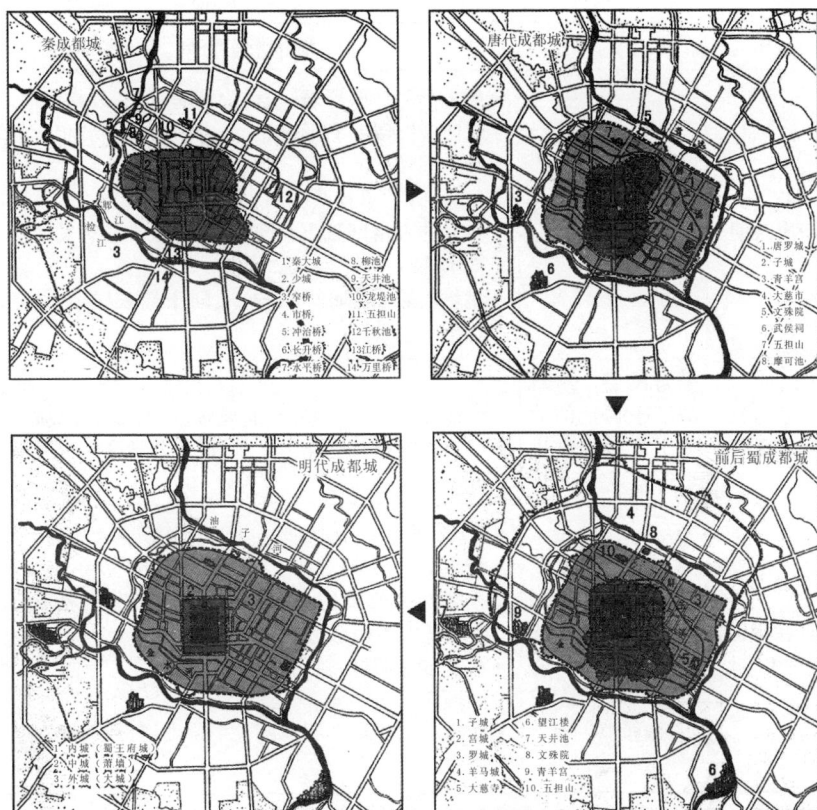

图 3-5　古代成都城市形态的演变过程

（图片来源：根据应金华,樊丙庚.四川历史文化名城[M].成都:四川人民出版社,2000:28-29 图进行填色及线条加工.）

表 3-1　秦至明清时期城市形态的演变①

时序	背景	城市形态格局
第一次浪潮：秦并巴蜀	古蜀地纳入中原版图,蜀文化受到中原文化的深刻影响	• 按秦都咸阳的建制兴建,并因地制宜,依山循水 • 东建大城,为行政区;西北建少城,为商业区与居住区 • 初步形成方格网状的空间骨架体系,呈内外城模式

　　① 根据综合资料整理编制,主要参见:董云帆.蜀墟商木源头远——成都城市空间历史模式初探[J].四川建筑,2000(4):9-10;广州市城市规划勘测设计研究院.成都市城市空间发展战略研究[Z].2003.

时序	背景	城市形态格局
第二次浪潮：隋唐时期	社会稳定，经济文化持续发展，商贸发达，"水陆所凑，货殖所萃"①	• 唐末高骈广筑罗城，城内大街坊百余；改修河道，形成"二江环抱"新形态格局，以及罗城子城相套的城市空间结构 • 后唐加建"羊马城"，形成以子城为中心的多重城池相套的方格网城市空间体系，为城市形态发展奠定基本格局 • 里坊集市，因地势而异，不同于唐长安城的严谨规整
第三次浪潮：宋朝	繁富昌盛。与避战乱于蜀地的北方士族共同推进城市建设	• 渠池发达，公共园林空前兴盛，形成"花园水城" • 城市空间形态变化不大，城市公共设施大有改进
第四次浪潮：明清时期	明实施收缩型政策，城市建设相对萎缩。由于战乱破坏，清政府采取"湖广填四川"的策略	• 明时效仿北京宫城形制，在大城内筑蜀王府（皇城），坐北朝南，中轴对称，外环以萧墙，按"左祖右社"的礼制布局，形成内、中、外三重的套城结构，基本奠定近现代城市形态格局 • 清时重建罗城，较明城东垣外移，后又分西南隅为满城（少城） • 城市空间建设在明清两代平稳发展，但规模远逊于唐宋

（表格来源：笔者根据相关文献资料整理绘制.）

公元前 311 年，秦人按咸阳建制修筑成都城垣，"周回十二里，高七丈"②，建东西二城，共城堭，称"重城"或"层城"，成都的城市空间格局至此基本定型。秦孝文王时，水利工程家李冰（蜀守）修筑了都江堰水利工程，"穿二江成都之中"③，使检江、郫江（今锦江）被引至城南，使岷江水系成为成都平原的交通网道，盆地内水患基本得治，形成了两江相依的"重城"格局，也促成汉代的手工业区"锦官城"的形成。从此成都平原成为"水旱从人，不知饥馑""沃野千里，号为陆海"④的天府之国。此后，成都城市经过数朝代持续而稳定的繁荣发展，内凝力和辐射力日益增强。

---

① （唐）魏徵. 隋书[Z]. 卷二九《地理志》上.
② （东晋）常璩. 华阳国志·蜀志[Z]. 卷三.
③ （西汉）司马迁. 史记·河渠书[Z].
④ （东晋）常璩. 华阳国志·蜀志[Z]. 卷三.

唐代的成都号称"扬一益二"①。唐代节度使高骈于原秦城之外修筑罗城,并使郫江改道,逐步形成金河、摩诃池等河池纵横、渠桥密布的"江城特色"②。密布的水网不仅提供了丰富的生产生活用水,而且在多雨且地势低平的成都平原具有能蓄能排又防涝的功能,并提供消防水源,同时也为改善环境、发展文化提供了有利条件。唐宋的繁荣发展将成都建为"花园城市",于是有了唐、宋诗人李白、杜甫、陆游等的赞美诗篇。

该城市形态格局延续至明代时有了突破,体现王权制度的蜀王府的兴建,代表着严格的礼制性空间成为成都城市空间构成的核心,此可谓城市形态对水的首次逾越。清代则大致保持了以往延续千年的生态格局,拥有众多河流水系、农田和菜园等。但是,清末民初时,陆路逐步取代水路成为城市形态发展的首要空间影响因素③。

总之,成都的古代乃至近代虽然屡有"兴废盈缩",但始终保持着良好的城市生态环境,城水相依、河流水系众多,呈现出"二江双城"-"花园水城"-"三城相重"的城市形态格局演变,也体现出朴素的生态规划理念。

(3)扩展改造阶段——对水的逾越

从新中国成立后至20世纪末,是成都现代经济高速增长、旧城改造、城市大规模发展的时期(表3-2)。1950年代以来,成都城市形态发展仍有较强的传承性,明显延续了以往单中心、集中式的城市空间形态模式。城市空间建设依托了原有的路网格局,但在此基础上作了较大调整,确立了"环+放"的道路系统,此为成都城市形态发展对水的又一次逾越。

然而,现代城市空间的发展使人们逐步远离自然。虽然1984年城市总体规划中,明确提出保护"二江环抱""三城相重"(大城、皇城与少城)的传统格局。但是,人们与水亲近的关系逐渐变为"隔离甚至污染",城水交融的关系已淡化④。当前,随着城市生态危机的涌现,可持续发展理念逐渐成为社会共识,未来最具活力的城市必然是生态化的城市。

---

① (宋)司马光. 资治通鉴[Z]. 卷二百五十九. "益"指成都,是当时国内仅次于扬州的第二大经济中心。
② 郑小明. 成都的城市景观——传统与未来[J]. 城市道桥与防洪,2003(7):1-4.
③ 成都市规划设计研究院. 成都市城市空间发展战略研究·专题研究[Z]. 2003.
④ 成都市规划设计研究院. 成都市城市空间发展战略研究·专题研究[Z]. 2003.

表 3-2　新中国成立以后成都城市形态的演变①

年代	城市建设策略	城市形态格局
50～60年代	建设社会主义工业城市	• 以工业建设为重点。强调功能分区,城市形态以旧城为基础向四周紧凑发展,划定东郊、东北郊工业区,形成从东北到东南连片的工业基地。奠定东城生产、西城居住的基本格局 • 确立正南北对称的城市发展轴,改善古城路网格局 • 新建区和旧城区通过环形加放射的道路系统及绿化网络连成有机的整体
60～70年代中后期	"调整整顿"建设 "见缝插针"建设	• "大跃进"后规划缩小规模,放慢工业建设速度,压缩城市人口和用地,压缩道路宽度,求实弱形 • "文革"时城市建设基本停滞,由于城市用地紧张等原因在旧城零碎地块上"见缝插针"式建设,破坏了旧城传统的城市肌理和街区空间形态,损害了城市与自然和谐交融的形态格局
80～90年代	以干道建设带动旧城改造 加快住宅建设 "高、大、洋"与"创新" 向西部和南部拓展	• 部分缓解城市交通拥挤和道路基础设施滞后的状况,但旧城改造急于求成,带来"建设性破坏" • 将新区建设与旧城改造相结合进行综合开发,兴起配套拆迁小区的城市周边建设高潮,极大改善长期积累的城市住房问题 • 随着旧城道路系统的拓宽改造、基础设施水平的提高以及90年代新一轮的房地产开发热潮,成都旧城大规模飞速发展 • 沿市区主要放射道路扩展,奠定二环加放射的格局
90～00年代	调整与冲突、整合与拓展	各方向发展趋于均匀,三环路通车,绕城高速的修建,形成明显的"环状加放射"路网格局,逐步形成三个圈层的战略分区

　　城市形态学与类型学的应用证明,城市在历史演变过程中,不断自觉地调整着内部结构形态,产生渐进式的变化,既能保持城市空间形态的延续性,又可适应新的城市功能的需要。总的说来,成都城市的发展在 20

---

　　① 根据综合资料整理编制,部分参见:郑小明.成都的城市景观——传统与未来[J].城市道桥与防洪,2003(7):1-4;广州市城市规划勘测设计研究院.成都市城市空间发展战略研究[Z].2003.

世纪前仍基本处于有机的慢生长状态,虽在城市规模上略有增减,但城市形态变化不大,千年的生态格局基本得以延续。

3.2　城市形态的演变规律[①]

城市形态在纵向上是"拼贴式"发展的,它是各阶段特征变化的综合结果。虽然这个发展的过程错综复杂,但其中隐含着一定的规律与秩序。通过前面对成都城市形态演变的生态进程分析,我们可以把握 20 世纪前成都形态演化的总体特征,而细部特征则主要体现在城市形态及其要素的演变规律上。这些构成要素的形态变化左右着城市形态的内部秩序和外部发展,它们是城市形态发展研究的基础和重要内容,因而对其形式与结构特征演变规律的研究显得尤为重要。

亚历山大认为,古老城镇的优美宜人,是得益于其形态的有机统一,它遵循自身的一种逻辑。相对于中国其他城市的历史进程,成都城市形态的演进规律具有独特性,它得利于自然的生态条件、积淀千年的蜀文化和历代统治者的政治决策等因素。根据城市形态的组织方式和要素特征,本节归纳出成都城市形态发展演变的几个主要规律:空间扩展规律、内部结构演替规律、路网演变规律以及自组织演化规律。

3.2.1　空间扩展规律

在建设发展初期,城市往往沿主要交通轴呈现外延式生长的规律,通常是沿着河道、干线、公路、山谷、河岸或海岸线生长。尤其是古代平原地区,往往河网密布,水运发达且便捷,同时地势平坦、土壤肥沃的地理环境也很适宜人类耕种和定居。于是,处于优势区位的区域会首先得到发展,如滨河地区,尤其是河道弯曲的内侧,是城市最繁荣的地区,城市沿河的生长扩展较为明显。从宏观层面看,成都平原古城镇的发展,大多是沿岷江、石亭江等流域发展而来,形成了成都平原城镇群的空间分布格局[②]。

从成都城市形态空间扩展的过程来看,在扩展程度上表现出周期性发

---

①　本节内容主要源自笔者发表论文:陈岚,杨祥. 成都城市空间形态的演进规律分析[J]. 山西建筑,2009(8):5-6;陈岚,曾坚,周波. 成都城市空间形态的生态进程与可持续发展研究[J]. 建筑学报,2009(12):14-17.

②　《成都》课题组. 成都(当代中国城市发展丛书)[M]. 北京:当代中国出版社,2007.

展规律,并在方向上呈现为轴向发展规律。开明王九世迁都时选址于成都平原检、郫二江弯曲的内侧,唐代时郫江改道,两江中间形成了宽阔地带,此后成都城市形态的发展便在两江之间展开。因此,古代至近代时期的成都,基本是处于点状形态的形成期,阶段特征变化不大。到了现代时期,城市形态扩展出现一定的阶段性特征。总体上,成都城市形态的扩展,大致呈现点式蔓延-轴向伸展-内向填充+圈层蔓延-再次轴向伸展的拓展规律,并在轴向扩展与内向填充、圈层蔓延间进行周期性的循环往复(图 3-6)。

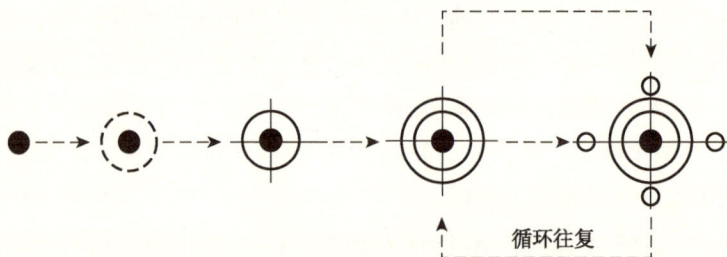

图 3-6　成都城市形态的空间扩展规律

(图片来源:笔者自绘.)

古代成都的城市空间扩展虽处于点状形成与蔓延阶段,城市用地拓展缓慢,但依然隐含轴向伸展的态势,而且受生态环境、城市内部生长机制等因素的影响较大。古成都采用的是斜轴布局而非正南北中轴线,形成城市空间形态的一个重要特征。古开明王建少城时并不拘泥于西周营国制度"择中"规整的筑城要求,而是从适应成都地势、水系流向和气候条件出发,采用了北偏东约 30°的斜轴定位建城①(土城南北长 750 m、东西宽 1 500 m),街道也相应偏一定角度。该轴线维系几千年不变,其中的主要原因就在于"水"。由于成都自西向东呈现山地-平原-丘陵的地形风貌,地势是西北高、东南低,检、郫二江(今锦江)均是由西北流向东南,跨水架桥筑路则因地就势,以至于形成历代城市道路垂直偏向的方格网格局。唐代筑罗城时(图 3-7),城墙亦由西北至东南倾斜,顺应水势,便于防洪。"偏轴"的设计既有利于城区内街道的排水,也适应成都的气候差异,以取得冬季日照和引入夏季东北风,而且正好延伸连接了南来北往的古蜀商旅交通线:德阳-广汉-新都-成都-双流-新津-江口(图 3-8)。大城沿斜轴以及随之而成的方格路网结构从秦大城一直沿袭到明初。明朝初期之后,成都明大城内

---

① 应金华,樊丙庚.四川历史文化名城[M].成都:四川人民出版社,2000.

按传统形制正南北向建造蜀王府城,方正规则,与整个城市东北—西南向的平面及道路布局形成角度,该格局为清代所延续。

图 3-7 唐罗城城墙(现同仁路)
(图片来源:肖平.成都物语[M].成都:
成都时代出版社,2005:223.)

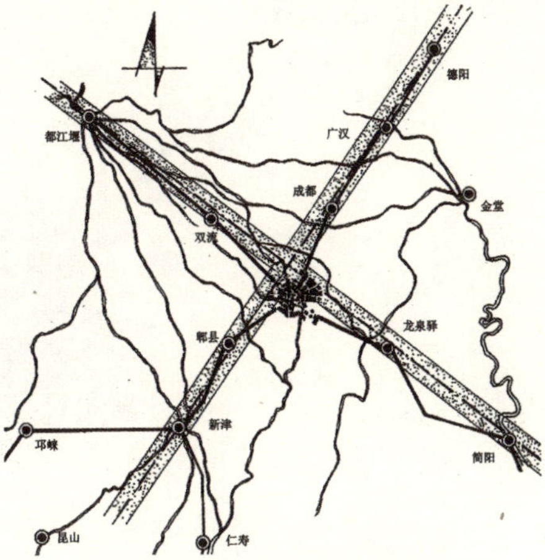

图 3-8 成都古蜀商旅交通线
(图片来源:应金华,樊丙庚.四川历史文化名城[M].
成都:四川人民出版社,2000:18.)

现代时期,成都城市建设用地沿主要交通轴定向扩张的特点较为明显,并且是沿中心各方向较为均衡地发展,即圈层式蔓延模式。目前,南北中轴线已成为成都城市的形态发展主轴,而一环路内古"三城"位置上依然大致保持了明清时期斜轴与正轴的交错的空间形态特征(图 3-9)。1990 年代以后,成都城市用地飞速扩展,二环、三环以及四环(绕城高速,也称"外环")相

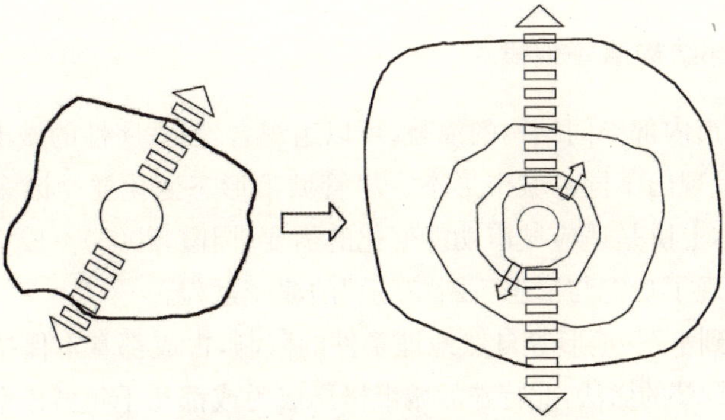

图 3-9 轴向拓展:从"斜轴布局"到"正轴发展"
(图片来源:笔者自绘)

继通车。如今,三环以内的城市用地已基本被"塞满"而且还在向外迅速扩散,城市建成区面积从 1970 年代的 50 km²,扩展到 2015 年的 604 km²,大约增至 12 倍(图 3-10)。

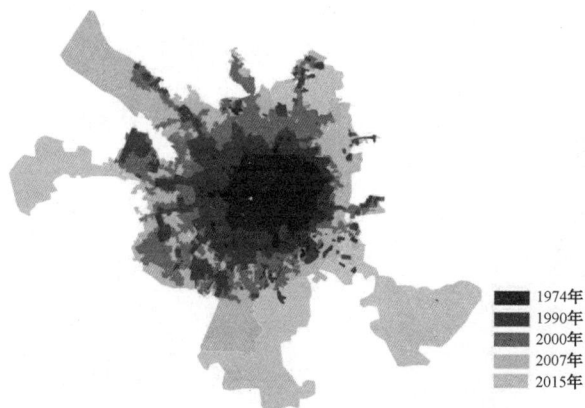

图 3-10　成都市建成区形态扩展

(图片来源:笔者自绘)

　　另外,成都城市形态的空间扩展还表现在垂直方向上。20 世纪 80 年代以前的近现代时期,城市空间形态总体上在二维平面上的特征较为突出,虽有局部的垂直拓展,但以水平扩展为主,城市用地的紧凑程度不高。80 年代以后,垂直方向的形态扩展趋势逐渐加强,随着中心城区建筑密度、高度与容积率的增加,成都城市空间形态向三维向度延伸。

3.2.2　内部结构演替规律

　　通过城市内部空间结构的演替,可以组织合理、秩序性的城市内部结构关系,从而呈现出不同的城市形态。尽管城市形态变化要受诸多因素的影响,但从根本上讲是适应城市功能变化的需要(周霞,2005)。成都的城市发展同样也体现了功能与形态不断"互适"的演变过程。

　　由于受到水系、地形等自然地理条件的限制,古成都基本保持按功能分区建立数"重城"的做法,此特殊的城市格局成为成都几千年城市空间结构的主体架构[①]。秦灭蜀后在原城池基础上筑大城,作为政治军事机关和秦移民

---

　　① 　毕凌岚,锺毅.成都历史文化内脉及保护建设浅析[J].华中建筑,2002(1):36-37.

住所,在西侧建少城,作为城市经济中心及大城的防御屏障。明代修建蜀王府城作为成都主要的政治核心,而清代在此旧址上改建为"贡城"(省试考场),并在其西面建少城(满城)作为满族官兵驻防区。近现代时期,随着对"苏联模式"和功能主义规划理念的沿用,成都城市功能快速地更替与完善,出现了更复杂、多层次的地域功能分化。但这种分化是以圈层的"重城格局"形态出现的,因而成都最终形成单中心圈层式的均衡结构形态(图 3-11)。当前,城市功能布局经过逐步调整,形成以下结构:一环路以内的中心区以金融、商贸和公共中心区为主,一环路至三环路的主城区以生活、科研、文教和办公区为主,三环路至外环路的环城区以生活、工业和城市生态区为主①。

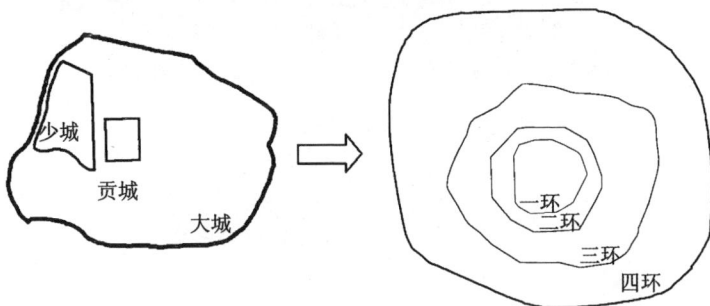

图 3-11　内部结构演替:从"重城"到圈层布局

可以说,城市内部结构演替与外部空间形态扩展共同构成了城市形态演变的重要规律,两者关系密不可分。

3.2.3　路网演变规律

城市的道路交通系统是城市形态的骨架部分,其发展演变直接影响着城市的内部结构秩序与外部形态扩展。古成都路网以传统的方格网为主,发展到明清时,成都城内形成了具有独特朝向的路网布局结构,可分为大城、皇城和少城三套系统。从适应成都地形、气候等条件出发,大城依山循水,结合古城自然倾斜态势构成方格网系统;皇城是以明蜀王府为中心的正南北向道路系统;而西部少城则是"鱼脊式"的道路体系。从 1955 年的成都城图(图 3-12)依然可以看出此路网体系。少城为清朝八旗官兵的军事驻

① 广州市城市规划勘测设计研究院. 成都市城市空间发展战略研究[Z]. 2003.

扎地,包含官街 8 条,兵丁胡同 33 条①。此后,在正轴与斜轴模式的融合发展中逐步形成了放射状的路网格局,再随着城市路网环通度的加强,又形成了一、二、三环的单中心"环状放射形加局部方格网状"的道路网络体系(图3-13)。

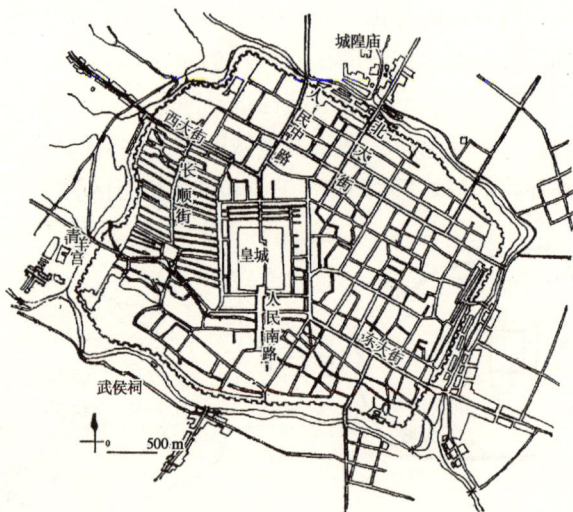

图 3-12 成都城图(1955 年)

(图片来源:董鉴泓.中国城市建设史[M].北京:中国建筑工业出版社,2004:144.)

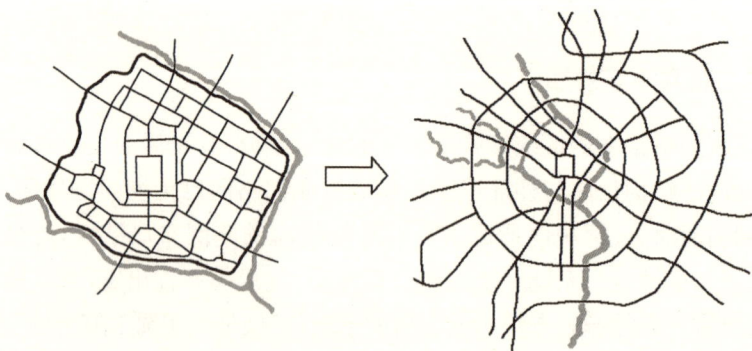

图 3-13 路网演变:从方格网到环状放射

(图片来源:笔者自绘)

---

① 董鉴泓.中国城市建设史[M].北京:中国建筑工业出版社,2004:144.

历史进程中,陆路交通之外的水系发展也不容忽视。成都的水系并非结合河湖水系自然形成,而是利用周边原有的河流进行人工引流而成(李冰治水所引),这促进了成都水陆交通的发展。但是,检、郫二江在城南并行而下,对于整个城市而言其水资源利用不够充分,而且"并流"还会产生交通障碍,因此,后来将郫江从城西北改道,绕城北与城东而南下,与检江在城市的东南角交汇,从而形成了延续至今的"二江抱城"形态格局。这不仅满足了古代城市的军事防御要求,同时也改善了城市交通及排污条件。此后,金河又引导新开西濠水入城,并在此基础上形成多条支流,分布于大街小巷①。在城市内外水系与居民生活长期以来的融合中,一套有机合理、完善的水陆交通网逐渐形成。它作为城市骨架的本体,同时也构筑出古成都"江城特色"的城市空间形态。

3.2.4 自组织演化规律

城市形态的发展不仅包含自上而下的人工组织,也存在自下而上的自组织现象,它们共同形成了城市形态演变的规律。在城市发展演变过程中,城市系统的结构会因受到"新事物"的刺激而主动产生异变,进行适应性的有序转换,从而建立起新的形态,这种自发性的规律即城市形态中的自组织演化规律。

事实上,成都城市空间发展的自组织现象是渗透于其他几个演变规律中的。其城市增长就是一个择优发展、优胜劣汰的变化过程,比如城市形态在受到自然生态环境变化或者新的功能与需求的产生、新经济因素刺激等系统外力作用的情况下,往往具备一定的自主调节、适应与进化的能力,最终形成更为合理的城市形态。因此,在成都未来的城市建设中,要注意推进良性竞争机制,"择优区位"②,促使城市形态有序发展。比如唐末时改修河道,改变了检、郫二江的并行状态,实现了"分流",对于这种水环境格局的改变,成都城市形态发生了适应性的自组织变化,城市发展主要在两江之间展开,形成"二江抱城"的新形态,也促进了沿江的道路生长。

综上四则规律所述,城市的空间扩展与路网演变规律充分体现了城市空间变化的外显特征;城市的内部结构演替诠释了城市形态发展的内在逻辑;自组织规律则表明了城市空间体系的建构具有一定的自律性。四者互

---

① 成都市规划设计研究院.成都市城市空间发展战略研究·专题研究[Z].2003.
② 曹坤梓.城市化进程中山地城市空间形态演进与发展研究[D].重庆:重庆大学,2004.

为补充,共同演绎了成都城市形态演进的整体特点。以上城市形态演进规律的分析与总结,对于探寻成都未来城市形态的可持续发展有着极其重要的启示作用。

3.3 城市形态发展的动力机制分析

在城市形态的动态、持续的进化中,原有形态在发展中不断被赋予新的内容,最终被新形态所取代,而原有形态的部分特征得以延续和保留,并与新功能重新建立起一种不同程度的适应性关系。在这种新旧交替的滚动式循环过程中,深刻体现出城市形态发展的动力机制作用。

3.3.1 城市形态发展的动力因子分析

(1) 承载性因子:生态环境

城市地域的生态环境条件是城市形态发展的重要基础条件和载体。它直接影响着城市的布局与空间结构,以及城市空间拓展的模式、方向和速度,并与人的生活方式有着极其密切的关系,甚至成为城市形态发展的"门槛"。生态环境因子主要包括地形、地貌、气候、水文和资源分布情况等自然地理特征,以及区位、社会经济发展等人文地理特征,它可通过系统的循环机制实现生态平衡。

城市形态的演变是适应环境而不断协调变化的结果。因此,地理、气候环境的差异,会影响城市独特的城市形态风貌的产生,这种风貌包含着地域性的建筑与景观体系。古成都的城市总体布局,实际上正是遵循地域的地理气候特点、因地制宜的外在体现。由于成都位于河流冲积而成的平原地区,地势平坦开阔,城市以同心圆模式发展为团块状城市形态,而都江堰水利工程又使成都形成两江环抱的空间格局,为成都城市的持续发展奠定了良好的基础。同时,生态环境条件也直接影响到成都城市生长轴的发展。由此可见,自然地理条件对城市发展和城市特色的形成非常重要。

(2) 内生性因子:经济技术

经济与技术的发展是城市形态演变的内生性动力。其中,经济发展是根本驱动力,科学技术是重要推动力。它们发展到一定阶段就会使城市功能与城市形态发生矛盾,以此推动城市形态的进一步演进。

任何一个城市的发展,都是和相关区域的经济发展紧密相连的,经济构成发展的真正动因。城市经济发展的内容、速度、周期性以及水平差异,均对城市形态的发展有着重要的影响。而且,国内外的实践证明,经济增长的速度表现为涨落性的起伏过程,伴随这种周期性的变化以及现代经济金融市场的不断完善,资金可转换为投资,从而对城市基础设施建设和城市产业结构调整产生直接的影响,城市空间形态的扩展也相应呈现外向发展(经济高速增长期)和内部调整与填充(经济稳定或缓速增长期)的周期性更替。另一方面,城市经济结构的变化,会促使城市形态各要素及其相互关系也作相应改变,以不断适应社会经济背景和城市功能变化的要求。

成都城市的建设受到了商业经济发展的深刻影响。秦汉时代,成都手工业发达,以盐业、冶铁、金银器、漆器、丝织品最为有名。城内设市场区,四个方向都设有市门,街巷纵横交错,形成里坊制的城市商业化格局,其中"少城"的商业最为繁华。至唐时,成都成为中国对外贸易出口的重要城市和西南最大的商业中心。清末,手工业作坊和商业店铺相对集中在特定的街区(近百条街巷),形成市场网络。在成都城市形态漫长的演化过程中,正是这种商业经济文化意识的渗透,不断调整着城市的形态与内部结构。而且,封闭的盆地经济也促成了成都内聚集中型的城市形态模式生成。

科技是城市空间形态与结构变异的重要推动因素,它不仅能通过城市经济的发展和交通方式的改变等促进城市形态发展,还能作用于城市建筑的建构方式从而影响城市的物质形态特征,并在促进城市化水平提高的过程中,实现城市空间的重组。

(3)导向性因子:政治政策

城市作为人类聚居与社会文化活动集聚的场所,其形态发展及其空间决策必然受到人为组织的作用。城市形态的历史演变带有明显的政治特征。芒福德认为,王权制是城市形态演进中最重要的影响因素。而城市规划作为干预城市建设的主要手段,在调整和制止不合理的城市形态发展方面被证明是有效控制力的体现。因此,如何适宜地运用政策与规划因素对城市形态加以控制,形成积极的导向力,关系到城市形态是否能够合理稳定、持续高效地发展。

古代成都将封建统治的政权机构置于城市最重要的核心区部位,正是对统治阶级意志的反映。现代时期,市政府在城市发展政策、土地使用制度、工业区建设、住房政策等方面的导向对城市形态的发展产生了重要的影响。不过,"文革"时由于政治政策的因素,古城墙、古建筑、民居以及园林等许多具有历史文化和艺术价值的名胜古迹,遭到严重损毁,城市空间形态的历史延续性被破坏。对此,成都编制了新的城市总体规划,并逐步进行调整和补充,主要涉及名城保护、用地布局与规模、人口规模等方面,如 1983 年、1987 年的城市总体规划等,力求综合解决城市发展问题。

(4) 催化性因子:社会文化

城市形态不仅是城市外部和内部的形式,而是包含了更广的社会文化内涵。城市形态各阶段的发展进程无不刻上社会与文化体系的烙印。它们也在此过程中不断变化着,从而构筑不同的社会空间结构与城市风貌特色。所以说,社会文化是城市形态演变的催化力,而城市形态又是社会文化的信息载体。

社会文化因子包含人口与文化因素。人作为经济活动的主体,其相互之间的关系决定着城市社会结构空间格局的构成与转变。因而,这种"社会关系"中所包含的人性需求、情感认知等因素,对于城市形态的演变有着不可忽视的影响作用[1]。每个城市都有各自的文化特色,这是一个城市区别于其他城市的内涵因素。成都平原农业发达,蜀人处于安定封闭而不愿外出的生活状态,在一定程度上促进了成都数千年久驻不移的特征的形成。同时,形态独立、兼容性强的蜀文化也使得成都古城得以持续发展。

3.3.2　各种动力因素的综合作用机制

从前面的分析已知,城市系统是一个复杂的巨系统,城市形态的发展也必然是一个复杂的过程,它在本质上是由于经济社会发展所引起的城市功能与城市形态矛盾运动的结果。此过程的各个阶段均受到了上述各类动力因子的共同作用。图 3-11 即是生态环境、经济技术、政治政策与社会文化等动力因素对成都城市形态演化的综合作用机制总结(图 3-14)。

值得注意的是,各动力因素的作用强度会由于不同的地域环境或者不同的历史时期各因子之间的相互作用而呈现出差异性和变化性的特征。成都城市发展的主导因子在各个时期也出现了较为显著的变化,因而形成了不同时期各具特色的城市形态(表 3-3)。从表中可看出,由古至今,城市经济技术活动在成都城市形态发展的各个阶段都是最根本、内在的动力,它通过作用于城市内部各功能而引起的空间地域扩展变化来改变城市形态。并

---

①　王开泳,肖玲.城市空间结构演变的动力机制分析[J].华南师范大学学报(自然科学版),2005(1):116-122.

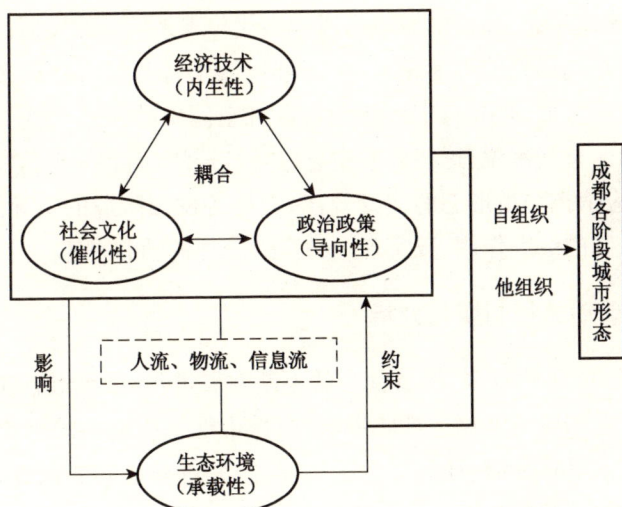

图 3-14 系统耦合下的成都城市形态动力机制框图

且,在古代和近代,成都城市形态的发展带有明显的政治特征,它抑制着其他某些因子作用的发挥,城市建设反映着"自上而下"的统治者的意志。现代时期,改革开放以前最重要的驱动因素是经济和政治,而承载性因子和催化性因子则受到严重抑制;改革开放以后,生态环境、社会文化对城市形态发展的作用力逐步变得突出并不断增大,而政治政策的驱动强度略减,趋于辅助和引导作用,该时期的经济增长以工业为主导,它继续为成都的发展提供着强大的动力。当前,从系统实际运行的情况看,虽然生态环境与社会文化因子的作用得以不断加强,人们对其重视度迅速提高,但是,在很多情况下,经济效益优先的发展观依然占据统率地位,甚至是以牺牲前二者效益为前提的,这对城市的长期持续发展是不利的。

表 3-3 不同历史阶段各动力机制对成都城市形态演变的作用强度分析

动力机制	历史阶段				
	古代城市形态演变	近代城市形态演变	现代城市形态演变		
			改革开放前	改革开放后	当代
生态环境	++	+	—	+	++
经济技术	++	++	++	++	++
政治政策	++	++	++	++	+
社会文化	+	+	—	+	++

(注:"++"代表强,"+"代表较强,"-"代表弱)

如今,建构生态、和谐的城市已成为当代与未来可持续发展的重点。随着成都产业结构调整的不断深入,生态环境因子将与城市社会文化结构因子共同发挥更大的作用,其中必然包含区域空间中的人流、物流、信息流等重要拓展力。总的来说,这些因素中有些是可控的,而有的则是"不可抗拒"的。所以,应依据城市形态的演变规律,把握各发展阶段的主导因子,发挥出各动力机制的综合作用,以实现一种高效合理的动态平衡。

3.3.3 当前动力机制变化分析

20 世纪 90 年代以来,随着社会的不断发展进步,城市形态演变的动力机制也产生了相应的变化。具体讲,当前城市形态驱动力的变化主要体现在经济与技术迅猛发展、社会文化结构变迁、先进交通和通讯方式兴起、政策革新以及生态环境意识增强等方面[1]。

(1) 经济与技术迅猛发展

经济的迅猛发展使城市用地的需求大量增加。然而长期以来,由于城市经济的"粗放式发展",城市呈现出大规模低效率的外延增长状态;城市用地松散、容积率不高,城市用地效益没有得到充分的发挥。随着产业结构的升级与转换,当今城市的经济增长模式正逐渐由"粗放型"转变为"集约型"发展,城市的扩展转向重视较为紧凑的土地开发模式,以提升土地使用的综合效益,注重与环境容量的协调性。图 3-15 中成都市建成区面积变化的走势,正好反映出了城市经济发展及其转型对城市形态空间拓展的影响。1990 年以来,大致可分为两个阶段:①1990—2003 年,成都城市用地增长速度相对较大,向外扩张蔓延程度较高,尤其是 2001—2003 年间;②2004—2013 年,城市经济增长向集约型转变的趋势影响到了城市用地的增长,其增速较前一阶段大为降低并趋于平缓地增长,这将促进城市形态向集约化的趋向发展。可见,经济动力因素变化给城市形态发展带来的影响。

当今世界的经济发展已步入技术、智力密集型阶段。技术进步不再是传统的经济增长理论所认为的"外生"要素[2],而成为影响社会经济发展的核心因素,在城市形态发展中的推动作用越来越突出,并渗透至各个层面。其中,信息技术、知识经济的影响尤为明显,它们为全球城市的发展带来了

---

① 主要参考:熊国平. 当代中国城市形态演变[M]. 北京:中国建筑工业出版社,2006.

② 传统经济增长理论认为,资本、土地、劳动力才是"内生"要素。

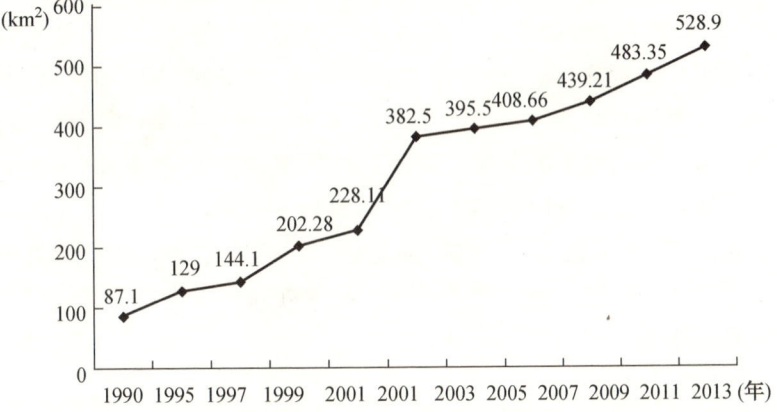

图3-15 成都市建成区面积变化情况（1990—2013年）

（图片来源：笔者根据成都市统计年鉴（1990—2013年）数据绘制.）

契机，改变着传统意义的城市空间体系，促进城市形态的新发展。

　　然而不可忽略的是，科技也是"双刃剑"（吴良镛，1999），因此，我们要注意既充分发挥技术的能动性，使技术更好地为人类服务，而又不造成对生态自然的"祸患"。

　　（2）社会文化结构变迁

　　城市发展既要借鉴世界先进的科技文化，又要注重对地域文化特色的继承、保护与更新，以新的城市社会形态来诠释传统和当代的文化内涵。成都是传统的商业城市，由此而形成的商业文化氛围从古代一直延续到了今天。20世纪90年代以来，成都的商业文化发展进入了一个新的高峰期，其内涵不断更新，商业网点密集化，形成了多种业态共同发展的网络市场体系新格局。商业的发展对城市空间及用地提出了新的需求，也促进了成都城市形态格局的更新变化，比如春熙路商圈、盐市口商圈、骡马市商圈等主导着成都的商业格局，城市中央商务区（CBD）的雏形建构等等，它们是构成城市商业文化与设施向更高形态层次发展的突出表现。

　　另一方面，成都自古以来还拥有独特的休闲文化传统——生态文化、餐饮文化和旅游休闲文化，它们的不断更新拓展成为现代城市活力和第三产业发展的推动力，对于成都城市的旧城改造与更新、新区建设与发展以及郊区用地开发与利用等方面均有着重要意义。

　　当代，城市人口的不断增多推动各种新消费需求的不断出现，人们对

城市文化精神和自身价值体现的追求越来越强烈,由此"催生"出新的城市空间,促进城市形态产生开放、动态式的变化。随着需求的增长以及住房消费观念的转变,城市居民的住房政策已由福利型走向消费型,并带来了成都城市用地的调整。与此同时,社会结构发生变化,不同社会阶层的出现导致了消费需求的差异。由于这些因素的综合作用,使各种类型的居住用地及住宅在不同的城市空间形成聚集,导致居住空间的阶层分异现象。比如,20世纪90年代后,质量档次较高的住宅区开发多集中于成都的城西、城南,城北相对较弱;另外,出现近郊高质化的发展趋势也是上述现象的体现。

(3) 先进交通和通讯方式兴起

在人类社会中,"流动"的对象包括人流、物质流,也包括信息流,它们都涉及"空间可达性"的问题。城市中人与物的"空间可达性"是由交通系统的运行所决定的。交通条件决定着城市土地的区位价值,其变化会引起城市土地利用方式随之而改变,从而导致城市形态的改变。随着当代先进交通方式的兴起与大力发展,交通方式对城市形态的影响愈显突出。而相反的,城市形态的演变也会不断加强或者减弱城市交通系统的作用范围和作用强度,两者构成了互为关联的循环促进机制[①]。新时期,成都城市的快速路、高速公路、轨道交通等快速交通方式迅速崛起,带来了城市交通的新格局。由于交通因素的多向度发展变化,在客观上适应了区域城市化的发展趋势,削弱了城市形态拓展中由于距离而产生的阻力,使成都与周边各区域的联系更为便捷。

由于这种可达性是重要的区位因子,因而城市的发展会自觉地往可达性较高的地方聚集,从而直接影响到城市不同地区的开发强度。当前,公路建设对于成都城市发展的作用相对其他交通方式更为明显。随着机动车的迅速增加,成都城市快速路得到不断发展,由此带来可动性的增大,人们出行范围和商品流通范围大大扩展,使得城市的范围得以不断突破原来的城市边界而延伸到更远。成都市规划局在《城市交通规划》(2003年)中提出,将二环路、三环路、羊西线、新成彭路、新成温路、规划川藏路、成雅高速(城内段)、新成仁路、成龙路、成渝高等级公路、川鄂路、成绵高速(城内段)、川陕公路等规划为城市快速路。其中,只有三环路和几条高速公路行车速度

---

① 熊国平. 当代中国城市形态演变[M]. 北京:中国建筑工业出版社,2006:130.

能达到 60~80 km/h 的标准,而二环路、羊西线等的通行能力则远低于标准,目前上述部分道路还处于改造之中。这些快速路网向各郊区放射延伸的建设,可带动道路沿线与郊区的开发建设,可以引导城市形态分片区、组团式地发展。

同时,在成都高速公路网的快速发展下,从中心城形成了 9 条向外辐射的高速通道,实现了市域内所有县(市、区)及周边主要城市通高速,有助于进一步增强中心城市在区域城市网络中的枢纽地位,加强城际联系,促进区域空间的相互影响作用,为城市空间扩展提供先决条件。

另外,铁路发展方面,成都在经历 50 年代初的成渝线、60 年代的宝成线和 70 年代的成昆线的相继建设后逐步形成枢纽格局,90 年代经过达成线引入、成昆电气化工程引入和宝成二线工程引入三次大规模的改扩建,形成北环(宝成线、北环线、达成线)、南环(成昆线、西环线、成渝线)为基础的"8"字形铁路环线,成为西南地区最大的铁路枢纽[①]。借鉴国内外大城市的发展经验,成都于 2006 年初启动了城市地铁修建项目,这将有利于这个特大城市人口与交通的有效疏解,它成为优化城市形态格局的有效手段之一。同时,成渝城际快速列车于 2007 年通车,最新开工修建的成渝城际客运专线高速铁路,设计时速 300 km,成渝两地互通只需一个多小时,这种快速轨道交通的建设有助于成都与重庆地区以及它们之间和相邻的城市地区构成连绵的成渝城市群(城市带)。2010 年 5 月,成都市域内首条高铁成灌线开通,并与地铁相连,成为救灾和重建的重要"生命通道"。

城市的信息"空间可达性"则是由通讯系统决定的。它包括广播电视系统、电话和移动通讯系统、互联网系统等。成都市的通讯系统正向着高速度、高质量、大容量、全覆盖方向飞速发展,人与人在语音、图像、数据等各种形式的沟通已基本不受空间的限制。这种信息流动对城市形态的演变,也起着与"交通"相似的作用。

未来,随着这些先进交通和通讯方式的不断发展与完善,成都城市形态的演变将面临更多的机遇与挑战。

(4) 政策革新

新世纪交替之际,一系列政策制度的革新迎来了城市形态飞跃式的发展,深刻影响着城市的集聚规模和布局,具体体现在:①土地有偿制的确立,

---

① 成都市规划设计研究院. 成都市城市空间发展战略研究·专题研究[Z]. 2003:48.

发挥出级差地租原理的作用,使城市土地利用产生结构性的变化,构成物质形态空间、产业空间以及社会空间等各类城市空间的重新整合①,也提高了政府运用城市土地资源来影响城市规划与建设的能力;②户籍制度的革新,其在有关人口迁移政策上的改革,很大程度上促进了城市对农村的剩余劳动力进行的吸纳;③住房政策改革,极大地推动了房地产业的快速化发展进程②。

另外,伴随当今城市区域化发展趋势的逐渐显现,长期处于相对稳定状态的城市行政区划,开始制约城市空间形态与结构的有序生长,使城市的"资本、产业、劳动力等构成要素在地域空间上的合理流动与分布"受到影响③。因此,一些城市采取了适当的城市行政区划调整来解决相关问题,它具有多重效应。首先,通过政府统筹安排行政范围内各地区的资源,重新划定辖区内各行政区域的地理边界,重新确立各区各部门适当的经济社会职能,来提升各种资源的利用率。其次,通过加强地区间的经济协作来削弱经济社会要素的流动性"门槛",使得各类发展要素可以更多地在市场规律作用下,实现集聚发展和优化配置。第三,通过对行政区划的合理调整,减少政府管理的层次与行政运行成本④。总之,城市的行政区划调整是为了适应城市的发展,对各资源要素进行地域性重组的客观需求,如此可减少不必要的资源浪费,它是政府采取的主动性的城市空间形态发展战略手段。

1990 年代以来,成都进行了多次行政区划调整,通常为县改市、县改区或者城市辖区以内的区划调整。比如,1990 年被国务院正式批准的"城乡结合、区区带乡"的区划调整方案,把中心城区原来的东、西城区以及金牛区三个作了适当的调整,形成现在的五个城区,使区划布局趋于合理化;2004年进行了乡镇区划调整优化,以推进成都市"城乡一体化"的进程。全市共有 14 个区(市)县(不含五城区)开展了此项工作。在调整以前,全市共有318 个乡镇,乡镇平均规模为 2.4 万人、面积 37.5 km²;调整以后,全市的乡

---

① 王建华. 城市空间轴向发展演变的动力机制分析[J]. 上海城市规划,2008(5):15-19.

② 房国坤,王咏,姚士谋. 快速城市化时期城市形态及其动力机制研究[J]. 华南师范大学学报(自然科学版),2009(2):40-43.

③ 熊国平. 当代中国城市形态演变[M]. 北京:中国建筑工业出版社,2006:155.

④ 谢宝富. 推进国家治理现代化亟待精简政府层级[EB/OL]. http://news.ifeng.com/a/20140911/41940814_0.shtml.

镇(街道办事处)减少至 240 个,乡镇平均规模达 3.2 万人、面积为 49.7 km²,即全市总撤并乡镇数达到 78 个[①],减幅为 26.7%,这是成都自建市以来,调整规模最大的一次"乡镇撤并"。成都在城市发展进程中的行政区划调整已表现出"区域都市化"的趋向,这对于优化中心城区结构、实现城市"市场一体化"与"区域一体化"的意义颇为重大,从而推进成都城市形态的进一步合理演化。

(5) 生态环境意识增强

今天,生态环境已成为现代城市形态发展中越来越突出的影响因素。生态环境的变化可以动态地体现城市的社会经济发展水平、潜力及问题。虽然成都自然生态条件优越,但如今城市的生态环境污染加剧,生态承载力脆弱,阻碍了城市形态的健康发展。目前,人们已逐渐意识到生态环境在未来城市形态的发展中将是关键性的制约因素。因而,成都对生态环境保护的力度正在逐步加大。

总而言之,城市形态的发展演变,是多种内在与外在的动力因子共同作用的结果。在当前我国城市化进程加快和社会转型的宏观背景下,城市形态演变的动力因子表现为多元化和不断更新变化的趋势。在新的综合作用力下,成都的城市形态也呈多元化的发展,并且体现出一定的"复杂性"和"不确定性",它们将始终渗透于未来城市形态的演化进程中。因此,我们应充分认识到各动力机制在新形势下对城市形态发展的影响力,掌握其发展趋势,同时,借鉴以往可循的经验,树立明确的发展目标与正确的工作方法,促进城市形态的优化与可持续发展。

---

① 成都日报. 我市乡镇行政区划调整方案将于近日开始实施[EB/OL]. http://news. sina. com. cn/o/2004-09-10/06203634289s. shtml.

4 城市形态发展的生态可持续性分析

4.1 典型城市形态模式

对城市形态模式的可持续性分析,有必要首先对国内外典型城市形态模式作简要对比分析,这也有助于为城市形态发展的合理选择找寻一些参考和依据。

城市形态作为特定地域空间内的实体环境与各类活动特征的集合,其变化过程中总是隐含着内在的秩序性,并形成特有的空间发展模式。由于地表形态的影响,以及城市经济、社会与生态结构导致的各种城市功能活动所引起的空间变化,使不同城市形态得以产生,并向着不同维度和向度进行演变、扩张,从而形成不同的城市形态模式。笔者在分析不同城市的用地形态与路网格局基础上,分别依据平原地区、山地丘陵地区、河谷地区和港口地区等四大城市地表形态特征,来归纳典型的城市形态模式,主要有:块型、卫星城及新城、组团型、带型、指型、带状群组型等(表 4-1)。

表 4-1 典型城市形态模式分类表

地表形态	典型形态模式	总体形态特征	伸展轴特点	城市案例
平原地区	块型	集中紧凑	轴短	华盛顿、莫斯科、北京、成都
	卫星城及新城	集中+轴向拓展	超长轴发展	伦敦、巴黎、东京
山地丘陵地区	组团型	分散、紧凑度低双核心或多核心串联	沿主轴伸展;或主次轴结合发展	重庆、攀枝花
河谷地区	带型	单片用地线型发展	长轴向两端延伸	兰州、西宁、洛阳
港口地区	指型	集中+放射蔓延	伸展长轴≥3 个	哥本哈根、嘉兴
	带状群组型	两片以上城市用地带型发展	沿主轴伸展	连云港、秦皇岛

（1）平原地区典型城市形态模式：块型、卫星城及新城

① 块型

块型是平原地区较为普遍的一种城市形态模式，如北京、成都等城市。由于平原地区有着地势平坦的优越地理环境，用地开阔，城市的发展受限小，可以经济、紧凑地发展。城市多以同心圆向外均衡扩展为块状。由此模式而建立起的城市形态模型会体现出一个强大的磁力核心的存在。受到此核心的吸引力，城市中心区聚集着城市经济与社会等主要的城市功能。城市建设用地围绕着单核心以同心圆方式向四周进行扩散，从而发展成块型形态。随着人口的快速增长，该形态模式发展到一定规模时，如果没有快捷便利的交通系统和足够的城市用地来及时疏散和容纳城市的人口、产业及其产生的人流、物流、信息流等，那么，城市就会不断向外均衡蔓延，形成新的商业居住混合区和工业区，圈层式地包围城市，即"摊大饼"式的发展。比如特大城市——北京就经历了二到六环的发展，本书所研究的成都市也有一环-二环-三环-四环的蔓延过程，而且五环的建设也于 2011 年展开并于2015 年底全线通车。

当然，这种单中心块型城市形态之所以不断"摊大饼"式地向外扩散、发展，除地理条件外还有其更深层的经济学原因：从城市经济学的观点看，城市边缘用地的发展要受土地地租、开发成本、资本及收益等影响（图 4-1），其开发区位与建成区密切相关。由于基础设施建设的规模经济效益、交通易达性等和由此产生的空间集聚效益，下一步被开发的常常是邻近建成区的用地，而且多为成块成片的开发，并非分散式。同时，城市周边占据与城市原有劳力市场紧密联系的地理优势，便捷短距离的交通可方便就业，因而使新增的城市边缘建设效益最大、最优化。它体现出空间聚集效应与劳力市场的规模递增关系。这些即"摊大饼"的根结所在①。

应当指出，在城市发展处于以集聚功能为主的阶段，这种城市形态模式有其存在的客观性与合理性。其优势在于：用地布局紧凑，各城市功能片区间的相互联系很便捷，利于行政管理，以及各产业部门的协调合作。同时，用地高效节约，市政设施的建设体现出经济性，生活服务设施由于集中化的设置而利用率高，城市中心容纳着各种高频率、高密度的活动，可营造出宜

---

① 丁成日，宋彦. 城市规划与空间结构——城市可持续发展战略[M]. 北京：清华大学出版社，2005.

人的中心景观。此外,该模式下的公共交通设施发达,人们工作、生活、学习所需的交通距离较短,生活便捷。

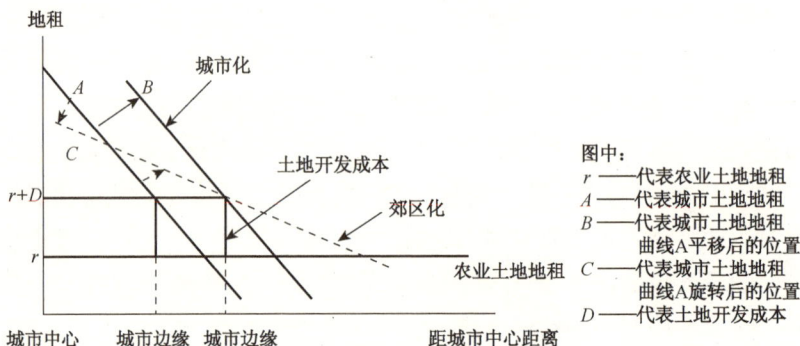

图 4-1　城市空间扩张

(图片来源:丁成日,宋彦.城市规划与空间结构——城市可持续发展战略[M].北京:清华大学出版社,2005:232.)

　　但也必须注意,这种形态模式也有明显的局限性。据有关研究,"摊大饼"的城市形态模式通常对于 100 万乃至 400 万人口规模的城市而言,优势较明显,城市各项用地条件较为均衡,是一种相对最为经济、资源配置最高效的发展模式,还可以承载其对城市环境和生活质量的破坏作用。但是,如果城市人口规模突破 400 万时,优势就会逐渐变为劣势,合理也会逐步转变为不合理。这种模式的继续发展必然导致环境的不持续性而出现各种"城市病",如交通向中心的聚集及拥堵、中心地价过度攀升、环境质量恶化等(郑小明,2005)。

　　为了避免城市建成区无止境地蔓延,此类型的城市形态需解决的问题是要处理好近期、中期与远期的战略关系,为城市未来的发展预留空间。同时还应采取适当的控制策略。从 20 世纪 40 年代英国颁布"绿带法"起,国内外许多团块型集中发展的特大城市陆续采取设"环形绿带"的策略来对城市发展进行控制。时至今日,成都市依然借鉴了此法作为控制城市圈层蔓延增长的有效对策之一,同时也是出于提高城市生态水平、美化城市环境的目的,于 2008 年成都启动了全长约 85 km 的绕城高速(外环路)环形绿化生态带,即在外环路两侧 500 m 范围内进行全面栽植和景观塑造。

　　② 卫星城及新城

　　针对许多块型城市形态由城中心不断向外的"摊大饼"式发展的状况,国务院发展研究中心的任兴洲(2003)提出,在遇到不可持续的发展困境时,根据国外的建设经验,可借鉴卫星城的建设经验。"卫星城"(Satellite Town)的概念由泰勒(1915)提出,最早是源于霍华德的"田园城市"思想。卫星城属于"大城市体系"内的层次之一,是以中心城市(母城)为核心,相隔一定距离围绕分布的小城镇群。这些小城镇依附于母城,与其紧密联系,且又相对独立,通常是在城市郊区或者城乡结合部新建或在原有小城镇基础上发展而成,与母城之间一般用绿地进行分隔。卫星城的作用是对中心城区的工业、人口进行一定的分散,承担中心城的部分功能,因而形成了"卧城"(以居住为主)、工业类及科技文教类的卫星城等,它们均有各自的中心、管理机构、产业和服务设施。一般来说,卫星城与中心城的距离越接近,对其依附性就越强。

卫星城的发展经历了从最初的几万到几十万人口规模以及距中心城几十千米到上百千米距离的变化,并且也经历了"从属-半独立-独立"的发展过程,从伦敦、东京、巴黎等世界大城市的发展中可看出这种趋势。这期间,卫星城得以大规模的发展是在 20 世纪中叶以后。例如,英国政府推行"新城市法",在特大城市的外围实施新城建设计划,于是,"新城运动"使伦敦百人以上的工厂大量搬迁至卫星城;随后日本提出在东京 100 km 的范围内推进卫星城的发展;法国、前苏联等国家也先后开始了卫星城及新城的规划与实施,效果较为突出。另外,我国香港在 20 世纪 70 年代后陆续建设了沙田、屯门、荃湾等多个新市镇,据统计,1996 年这些市镇的居住人口已达 260 万,约占到全香港总人数的 40%。我国大陆地区的卫星城建设和发达国家、发达地区相比较,在功能上有一定区别,既要分担母城的功能,还要带动围绕卫星城的广大农村地带的城市化发展,这是我国城乡一体化发展的现实国情。因此,该类模式常被用于块型城市形态扩展的战略实施,即将原有中心城作为母城,外围的县市作为卫星城,以此对集中发展的中心城起到疏散、释放压力的作用。北京、成都等圈层发展的城市,目前均采用了与卫星城及新城相结合的形态拓展模式。

卫星城形态体现了可持续发展的一些思想。比如,每个卫星城都能满足居民基本的生活需要,居民可依据个人意愿来创建宜居的社区;周边有农田绿地环绕,环境优美,与农村相生共融;有一定的开放性与发展弹性。该类发展模式引导城市形态向外轴向伸展,可以说是区域性发展的合理途径。然而,这种模式也有它自身的缺陷和发展的矛盾。一种情况是,卫星城的实际发展状况常演变为:由于卫星城与母城之间的连绵膨胀而形成"城市带",

在此过程中,往往很难做到对卫星城的严格控制,从而使其规划限制的人口规模、人口密度、城市用地范围等超出预期,同时也不可避免地造成对周边农田的侵占。另一种情况是,在未构建起满足多种功能和服务设施需求的高级"供应体系"之前,若过分限制卫星城的规模及人口等发展,又会影响其开放性,减弱对中心城市的分散作用。因此,在具体规划建设时,要针对卫星城及新城发展的现实状况进行合理的处置,应同时综合考虑卫星城距离中心城的远近、卫星城人口规模的大小、分担功能作用的强弱以及原村镇基础条件的差别等具体问题[①]。

(2) 山地丘陵地区典型城市形态模式:组团型

某些城市由于受到地形、河流阻隔等自然环境条件的约束,再加上人为规划因素的影响,城市建设用地被山地、丘陵、河流、森林或者农田等分隔为相对独立的多个带状或团状用地形式,构成分散发展的组团型城市形态。这类分散型城市形态模式主要是按照用地条件因地制宜地灵活布局,具有亲自然性,不会发展为整体连绵的集中式形态,通常各自会发展为分散的几个城区或者小城镇。但是,组团型模式的城市建设难度较大,城市各组团的交通联系不如块型模式便捷。各个组团间一般是采取统一的市政道路管网设施系统,这样无疑会使交通设施建设量大大增加,引起市政公用投资与管理上的浪费。

重庆就是典型的组团形态模式典例(图4-2),其城市的发展由于受到了以山地、丘陵为主的地形以及河流水系的限制,自然形成了分片区、组团式的城市形态现状,这些组团被山体、河流、农田等自然生态环境所分隔开,保持着相对的独立性[②]。

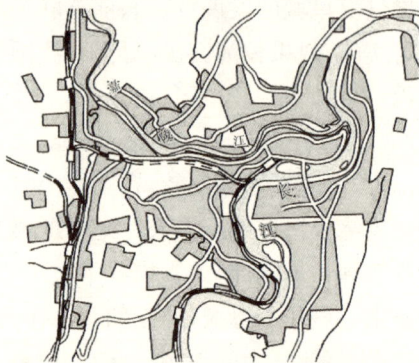

图4-2 重庆——组团型城市形态

(图片来源:http://audreyllj.blog.163)

(3) 河谷地区典型城市形态模式:带型

这是所谓"自然而生"的城市形态模式,它的形成主要是受到了河流地貌

---

① 黄亚平.城市空间理论与空间分析[M].南京:东南大学出版社,2002.

② http://ngmchina.com.cn.

的影响。河谷地区的地势较低,且河网密布,带型城市往往是由沿江河的单岸或双岸发展的带状聚落形态逐渐发展而来的。在此类模式中,河道干线即是城市的伸展主轴,贯穿于整个城区,道路体系沿轴向分布。例如甘肃兰州,其城市建成区顺着黄河河道呈东西向延伸,城市的交通流向性很明显(图4-3)。另外,还有河南洛阳、青海西宁等城市,也是河谷地区典型的带型城市。

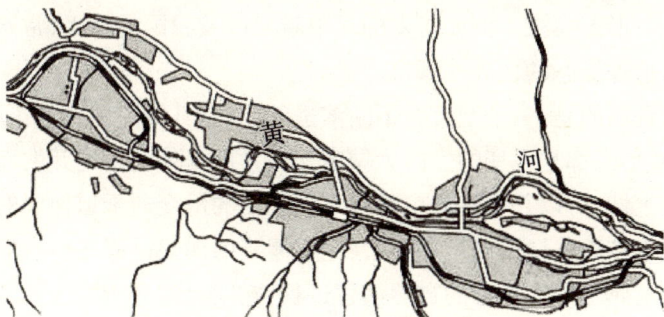

图4-3 兰州——带型城市形态
(图片来源:http://audreyllj.blog.163)

城市的主要功能(如居住、生产、商贸以及服务设施等)通常分布于带型城市主干线的两侧,作为"城市发展轴"的主干线,其以外的平行地带则布置以次要功能与设施。该类城市形态所具备的沿交通干线的线性带状格局,可以发挥出城市公交系统的效率。由于较高的"通透性",城市居民在充分享受主干线交通的便利的同时,也能便捷地享受到干线以外的农田风光。基于地理条件约束的带状形态,没有团块式形态所具有的高度集中的城市中心,而基本是为双中心或者多中心,城市形态可以顺应地形的曲直变化而灵活伸展,而且可以沿干线不断延伸。总体上看,此类型的城市形态较紧凑,对避免城市发展过于集中较为有利,便于实现城市居民的工作、生活等各类活动的机会平等性。

带型模式与块型圈层模式的城市形态相比,具有一定的生态优势。然而,带型模式也有其发展"隐患":一是带状结构使居民的活动在选择方向上受限;二是城市规模的不断扩大对主干线交通的压力会逐步增加。块型城市的道路交通流量承载较均衡,带型城市则主要依靠一条或者几条主干道来完成交通运载与空间联结,单位交通承载量相对较大。因此,保障城市主干线的通畅度,成为带型城市长远发展的基本要求[①]。

---

① http://www.upla.cn.

（4）港口地区典型城市形态模式：指型、带状群组型

① 指型

处于港口地区的城市因其特殊的地理条件，会出现多功能混合的城市中心向外呈放射型轴向式伸展，主要是沿对外交通干线或河流等多向度发展，通常伸展长轴具备 3 条以上，并形成沿轴向自成一体的路网系统，此即是指型城市形态模式。例如丹麦的哥本哈根以及我国的嘉兴、常熟、烟台等城市均为这种形态的代表性城市。

需要说明的是，一个城市在不断演进的同时，其城市用地的拓展方式与空间结构、形态都是可变的。因为城市交通发展是伴随用地开发而进行的，两者有共生性，所以几乎各城市都有不同程度的沿交通干道伸展的迹象，这往往是发生在这些城市经历了集中膨胀、蔓延的演化过程之后。但是，这种现象基本上属于城市形态的自然演替过程，它同经过分析的选择与规划后，以指型模式为城市主要的空间拓展方式，有着本质的区别①。哥本哈根于1948 年编制了著名的"指状规划"，其没有采用环型绿带或新城建设的手段来应对未来城市形态的扩展问题，而是选择了建设与中心城联系便捷的新型高速交通，由市中心伸展出多条交通轴线，轴线间即为留存的绿地。嘉兴城市最初在古代是按块型模式发展的；到了明清，城区河流水系的严重受阻影响了漕运，于是城市只得沿着护城河朝着东部与北部方向延伸；至 1970年代以后，迅速发展的公路运输又使城市以旧城区为核心，主要顺着 4 条公路以及运河对外扩展，指型的城市形态特征逐步明显化（图 4-4）。

图 4-4　嘉兴——指型城市形态

（图片来源：http://blog.sina.com.cn/s/blog_8e7e54c701013ze3.html）

① 黄亚平. 城市空间理论与空间分析[M]. 南京：东南大学出版社，2002：140.

由此可见,指型城市的增长多是集中于主要交通伸展轴上。并且,各"指"间留有大片楔形绿洲和开敞空间,起到控制城市的蔓延扩张的作用。指型模式的城市基础设施建设一般采用集中和分散的组合方式,使城市形态的发展有一定弹性。在城市规模一定的情形下,指型模式尚可实现生态和谐的整体环境风貌,但是,当城市规模过度扩大时,就要特别注意对城市中心压力的释放,保持指状交通系统的通畅,保护好指间的生态绿地,避免连绵发展为圈层扩张的块型模式。

② 带状群组型

港口地区的另一类城市形态模式即带状群组型模式,它是由中心城和若干小城镇沿港口呈带状分布的群组构成。作为港口地区经济、文化、政治等核心的中心城,引导着这些组群作整体性发展,不过它并不同于卫星城模式的"母城",其核心作用没有"母城"突出。

我国的连云港市较为典型,它是双城式(新海城区与港口城区)的"带状组团"型城市形态格局。近年来城市发展极为迅速,实施构建国际产业园区、发展连临经济轴及滨海新区等策略,城市形态逐步向着以新海城区、滨海新区为主的带状群组型发展[①]。

曾有研究者通过对类似以上的多种城市形态模式的占地面积、空间距离、城市尺度等指标进行了列表对比分析(徐鹏,2004)[②],提出如果城市中的开敞用地保持恒定比例的情况下,各类城市形态模式都不会在其形式上对城市用地总量产生决定性的影响。基于这些形态的建成区用地面积、人口密度是相同的,认为在此条件下,人口规模问题不是城市形态模式分析的要点,而应着重考察城市的运行质量状况,比如城市开敞空间的易达性、均匀分散度等等。不过,本书对此观点有所质疑,在国内,人口的规模与密度反映了该区域的经济活力状况,其聚集程度(集中与分散)影响到城市用地建设及城市运行的高效性,即使各形态开敞空间的占比一致,城市建设所需总用地量基本等同,但是在城市形态空间分布、交通系统、基础与配套设施的建设等效果都不尽相同,因此,人口问题仍应作为城市形态发展研究的分析要点之一。

同时,该研究者还进一步指出,在拥有同样的人口规模情况下,核心(块

---

① 连云港城市总体规划纲要(2006—2030年).连云港城建档案信息网.

② 该研究者列表分析的城市形态有:核心城市(即块型)、星型城市、卫星城市和线型城市,研究中所指的开敞空间是位于城区外围的绿地。

型)城市的建成区距离城市开敞空间相对于星型(指型)、卫星城以及带型城市而言是最远的;线型(带型)城市的建成区边缘距离城中心,相对其他三类城市形态模式是最近的,块型城市次之。本书对此分析比较认同,需做补充的是,当城市人口达到一定规模时,应采取有效措施限制块型城市形态的圈层蔓延,可以根据城市的具体情况选择结合指型、带型、组团型或新城等模式引导城市形态轴向拓展;带型城市形态则不适宜无限沿单一方向进行发展,可向着带型群组型或指型形态发展,这样更能适应当下多元高效的城市发展需求。

总而言之,以上各类城市形态模式并没有绝对的优势和劣势之分。成都市在合理选择和确定城市形态的未来发展方向时,必须从实际情况出发,根据地域的自然地理条件,结合经济、环境、交通等现实状况进行客观的判定。

4.2 成都城市形态模式现状与环境条件

4.2.1 城市形态模式现状总体特征

改革开放以来,成都城市的面貌日新月异,城市内部结构急剧变化,外部结构快速扩展,城市功能不断完善。城市形态呈现以下一些特征:

(1)城市空间形态与结构模式

由前面的典型形态模式分析已知,成都城市形态模式为块型。成都市域现状空间结构由里向外为三大层级结构:中心城区-城市规划区-市域(图4-5)。根据成都市城市总体规划(2008—2020年),中心城区的范围是成都四(外)环路以内的用地范围,包含外环路外侧的500 m

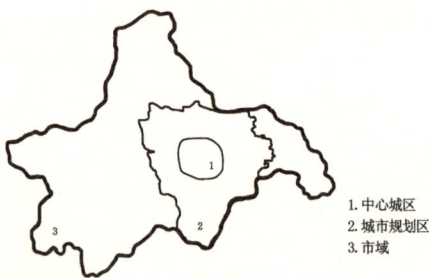

1.中心城区
2.城市规划区
3.市域

图4-5 成都市域现状空间结构

绿化带,总面积 597 km²;城市规划区范围包括中心城的五城区(锦江区、青羊区、金牛区、武侯区和成华区)、龙泉驿区、新都区、青白江区、温江区,以及双流、郫县 2 个县的行政辖区范围,总面积 3 681 km²;市域包括 10 区、4 市(县级市)、6 县的行政区划范围,总面积 12 390 km²。表4-2是对成都市域层级结构现状的分析示意,它反映出大城市以中心城为核心的圈层式空间结构发展形式(表4-2)。

表4-2 成都市域层级空间结构

市域层级空间结构	都市区(城市规划区)	中心城区	内城区	一环路以内
			外城区	一环路至三环路之间
			中心城边缘区	三环路至四环路之间
		周边区县		温江区、龙泉驿区、新都区、青白江区、双流县、郫县
	远郊区	外围4市4县		都江堰市、邛崃市、彭州市、崇州市、金堂县、大邑县、蒲江县、新津县

(表格来源:笔者参考戴宾.成都:现实与未来[M].成都:西南交通大学出版社,2006 修改绘制.)

目前,从成都市中心城区现状空间形态与结构来看,呈现较明显的四个圈层:一环的商业、行政中心;二环的居住;三环的居住、工业;四环的工业或混合功能、农田(图4-6)。总的来说,中心城区的现状空间格局依然呈典型的"摊大饼"、单中心城市形态模式(图4-7),即以原来的旧城区为城市中心,作蔓延式的圈层扩张,城市新发展建设的区域与原旧城区之间呈现单向紧密依赖的联系。从图4-7中可看出,三环内用地已基本填满,这种圈层式的城市空间拓展格局逐渐淡化了城市和自然要素的密切关系。城市的"环形+放射"交通体系与功能分布也明显表现为圈层结构,而且还有进一步往外扩展的趋势(图4-8)。

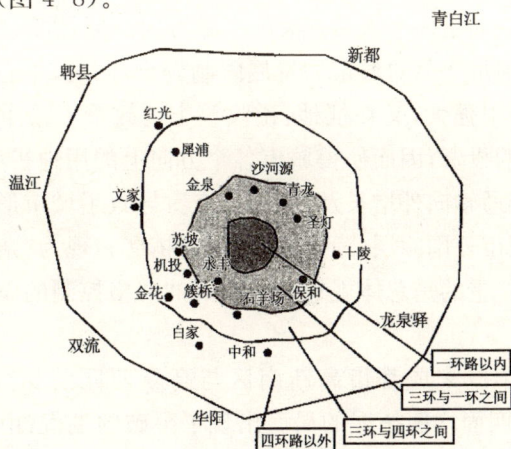

图4-6 成都中心城区空间结构示意

(图片来源:戴宾.成都:现实与未来[M].成都:西南交通大学出版社,2006:6.)

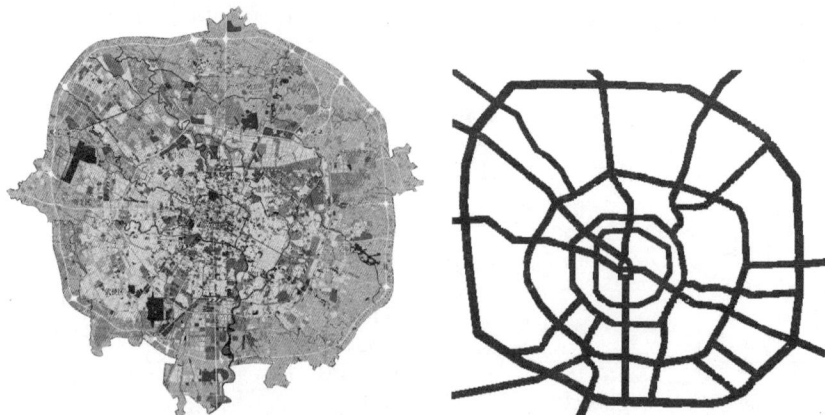

图 4-7　成都市中心城区建设用地现状(2011)　图 4-8　成都中心城区路网格局现状

(图片来源：成都市规划管理局.)

尽管中心城区一环路以内的面积还不到 20 km²,但却高度集聚了城市的商业机构、商务金融机构、科研机构以及部分政府行政办公机构。其中,"骡马市—顺城街"片区就有 60% 以上的外资机构在此集中。从建设现状看,伴随着人口的中心化"集聚",大城市的功能同时也在发生着一定的"扩散",表现为城市规划区内核心部分(中心城区)与周边区县的同步发展。

(2) 城市用地扩展

成都之所以形成单核、同心圆式的城市形态增长模式,与城市中各项新增功能出现均匀拓展有着密切的关系。虽然 1996 年的成都市总体规划中,已经确立了向东、向南两个城市扩展的主导方向。但是,20 世纪 90 年代以来,由于成都的地形条件对城市的发展限制较少,同时,中心城周边各区县发展的拉动力都很强大,又在征地、税收等土地政策上给予优厚的便利条件,以吸引企业的投资,因而使得城市各个方向上的用地扩展较为均衡,基本上是沿主要交通轴向外增长及"轴间填充",导致了城市形态圈层式蔓延的不断进行。城市外围圈层(远郊区)的用地拓展表现为"杂乱无序",呈发散的蔓延状,更严重的是总体规划中所明确的严格控制的楔形生态绿地也逐步被侵蚀。

随着 1996 年以来成都市高新南区与高新西区的相继建设,发展到 2008 年时,这种四面均衡拓展的局面出现了突破的端倪：由于政策力等因素作用,在城市建成区西面和南面的土地使用发生了一定变化,城市形态扩展出现西、南两个方向的轴向发展态势。总体上看,成都城市用地的拓展在各方向上都表现出了强烈的向外生长性,并形成各不相同的特点(表4-3)。

表4-3 成都城市用地扩展现状特征

扩展方向	总体特征	现状具体特点
向东	土地置换	• 改革开放后形成集中于二环路周边、以传统工业为主的东郊工业区,但企业厂区环境差,道路与市政管网设施自成一体,不能对城市形成有效的服务; • 2001年以来,进行产业结构调整及工业企业陆续外迁,同时,整治沙河,力求改造为综合性的城区
向西	惯性拓展	• 由于市场惯性作用,房地产开发量较大,居住楼盘较为集中; • 基于高新西区的建设,西北方向至郫县的发展轴线正在快速形成
向南	圈地运动	• 占据数量、规模上的高销售量,是地产开发的热点区域; • 南部副中心启动建设,处于四环以外的华阳镇掀起大规模的"圈地运动",兴起天府大道两侧(城市南北中轴的南延线)新市政府用地、出口加工区、高新工业园、中央商务区、中央居住区等的建设,但该片区不少项目还处于规划和构想策划阶段,空置率高; • 西南航空港开发区、牧马山旅游休闲基地等建设也促进了城南片区飞速发展
向北	逐步更新	• 军用机场、火车站等大型基础设施对开发有所限制,新增建设用地扩张不明显,主要的建设项目以改造、更新为主; • 以荷花池市场为代表的专业市场数量较多,批发与零售业规模大、专业性强,是西部地区最重要的商品基地; • 基于以上条件,人流、物流形成聚集,城北片区具有一定的消费前景,但由于较多的流动人口,较难吸引高档的房地产开发项目

(表格来源:笔者参考中国城市规划设计研究院的"成都市城市空间发展战略研究",并结合发展现状整理后绘制.)

(3)城市风貌特征

① 古都风貌遗失,文化传承有待挖掘

随着现代化进程的加快,目前,成都城市用地以古城为中心扩展为约原来的10倍。但是,由于过于强调经济利益等原因,超强度的城市开发与改造依然使古城历史风貌遭受极大地破坏,成都城市的传统风貌和地方文化特色逐渐消失,古城区内仅"两江环抱"(府河、南河实际是穿城而过,其环抱的是现在城中心一环路以内的内环区域)和"三城相重"格局(仅存古城路网格局)基本得以保留,形成一定的特色风貌。

成都在 1996 年的总体规划中提出了旧城改造的思路："优化旧城功能，改善城市环境"，在该思想指导下，对旧城区的改造全面启动，使旧城的基础设施与危旧房改造取得较大的成效，改善了城市的环境与面貌。特别是在中心城畅通工程的实施中，"井"字快速路网的构建，中心城道路交通状况得到很大的改进；另外，上百条街道的综合治理，以及春熙路、红星路、东大街三大商圈的优化改造等，使得旧城的城市景观得以改善[①]。但是，在大规模的更新与改造的同时，对城市文化内涵的发掘不足，对历史街区风貌及历史文物的保护力度依然不够，而且有时还会带来一些难以挽回的负面效应，比如天府广场西侧的"皇城清真寺"的拆除就实为可惜。它是四川省最大的清真寺，也是全国 24 大清真寺之一，属市级文物保护古建筑，是中心广场中一个重要的实体与人文景观，因而，对该建筑的拆除事实上一定程度上破坏了城市原有的传统风貌。再如蕴含历史文化的老街柳荫街（图 4-9），街道两侧统一线形布局的平房、茶肆、店铺、庙宇、旅社等功能多样，地域特色十分浓厚，成为当年老南门外最繁华的街道，然而随着 1990 年代的锦江改造工

图 4-9　成都柳荫街原貌（1991）

（图片来源：http://bbs.news.163.com）

程，这条古街被全部拆除，造成传统街区风貌的再度遗失。

②呈现现代城市风貌，但缺乏城市设计指导

城市总体风貌呈现出现代风格的城市人工景观，其特征主要体现在建筑风貌与城市各项基础设施方面。市区建筑主要以现代风格为主，其饰面多采用玻璃、玻璃幕墙、铝塑、PVC 外墙挂板、陶瓷面砖等现代新型材料。当前，成都中心城区已建成上百座高层与超高层建筑，反映出城市的发展建设成就。成都是综合性的中心城市，现代建筑类型丰富多样，如住宅、文化、商业、观演、工业、仓储、交通等各类建筑，它们与历史遗存古建共同构筑出多元化的建筑风貌。然而，由于规划、建设等诸多原因，致使城市风貌景观依然呈现出一些混乱的状态，中心区形态要素离散，缺乏城市设计的指导。

①　成都市规划设计研究院.成都市城市空间发展战略研究·专题研究[Z].2003.

具体体现在以下几个方面：

a. 景观界面连续性与整体性不佳。许多城市重要的街区、道路，以及大型公共建筑之间普遍缺乏良好的连续性，建筑的风格、造型、色彩、比例、尺度、主次关系等缺乏整体协调性或必要的对比关系。建筑师设计单体建筑时常常仅强调个案的独特性与标新立异，忽略周围的环境现状特征，缺乏整体协调性，忽视公众的感受和认同感，不注意城市设计的控制要求。例如，根据成都的气候特点，成都的城市色彩主调被定为复合灰色，但却在城市建设中依然出现没有经过总体控制、与周边环境极不协调的各种建筑色彩，影响了整体景观效果。

b. 无视城市各片区风貌特色的差异性，使其生硬衔接。比如生活区与工业仓储区之间缺乏有机的过渡。

c. 忽视空间形态要素设计。在城市公共空间的塑造中欠缺明确的主题特色，空间识别性不突出，缺乏节奏感，城市居民往往通过沿着城市道路进行动态的观察来获取对城市景观的直观感受，而缺少相对固定、静止的良好视点、视线与视域，有特色的空间节点较少，虽然一些现代高层建筑也可称为城市的标志物，但它们依然缺乏特色、可识别性不高。城市空间的形态关系多是表现在城市二维的平面布局上，以及对建筑或构筑物的材料、园林绿化植物品种的选择上[①]。

以上现象构成了成都城市风貌混乱的主要原因。当然，问题的出现有时还与此前缺乏城市设计导则的制定有关。这些都是有待进一步提高和完善的。为了避免形成"千城一面"的形态，有必要进行有序的景观设计和城市设计，以便于塑造良好的城市整体形象，促进城市优美的天际轮廓线的形成。

4.2.2 生态环境及资源现状条件

1) 自然资源现状条件

成都的自然生态环境优越，主要特点是：从西到东，地形分为山地、平原、丘陵三个部分，西、北有山，东、南有丘，中间是地势平坦开阔、水系丰富的平原，兼有山景、平原和丘陵之美（表4-4）。成都平原就位于川西北高原山地（龙门山脉）和东部的低山丘陵地带（龙泉山脉）之间，两大山脉呈东北

---

① 刘玉成. 论成都城市公共环境风貌特色[J]. 城乡建设，2001(9)：18-19.

一西南走向,构成成都平原西面和东南的自然生态屏障(图4-10)。

表4-4　成都市地貌类型(2014)

地貌类型	面积(km²)	占总土地面积比例（％）
平原	4 968.4	40.1
丘陵	3 419.6	27.6
山地	4 002	32.3
合计	12 390	100

(资料来源:根据成都市统计年鉴(2014)数据整理绘制.)

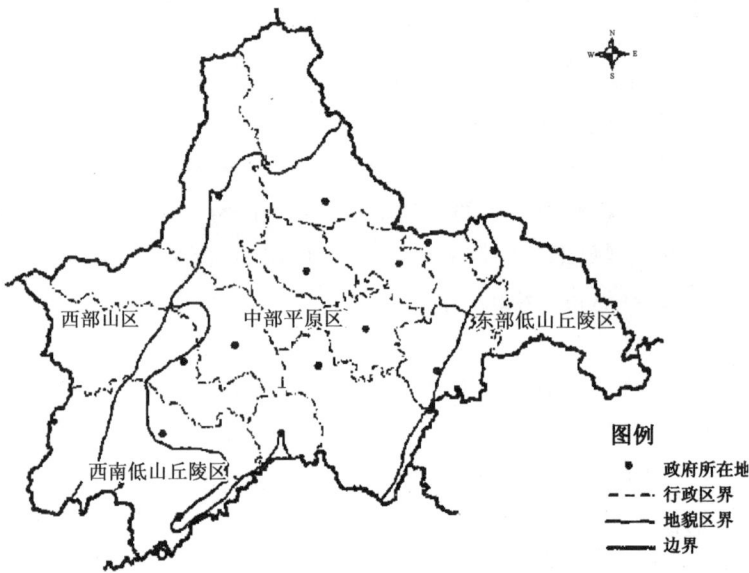

图4-10　成都地貌分区示意图

图片来源:冯文兰.成都市景观格局分析与景观生态规划[D].成都:四川大学,2004:23.)

　　成都平原的大部分地处岷江中游地区,少部分属沱江流域,属半水区域,水资源丰富。地处都江堰自流灌溉区,有长江一级支流岷江、沱江流域的水系干流流经此地,除了岷江、沱江外还包含大渡河、青衣江等众多河流,使成都市内河网密布,塘库湖堰交织,沟渠纵横,由西北的高处流向东南低处,形成覆盖平原的扇形水系和纺锤形水网。不过,市域内缺乏大面积集中的湖泊水域。成都境内共40多条大小河流,河网密度高达1.22 km/km²,水域面积约8万hm²,水能资源150万～180万kW,地下水储量140亿m³。锦

江(原府河、南河)绕城而过,保持着自古以来"两江环抱"的独特生态景观。另外,成都的生态环境与资源还具备以下一些特征:

(1)土壤肥沃且类型多样,乃四川土地资源之精华。市域内土壤有 11 个土类,耕作性好,适于农作物生长。其中,平原冲积土占 50%,土层深厚,肥力较高;低山丘陵为紫色土,占 20%左右,矿质养分丰富;其他土地占 30%左右。截止到 2013 年底,全市有耕地 619.35 万亩,其中水田达 76%,自流灌溉面积为 70%以上。

(2)生物资源丰富,生态环境多样。据 2012 年相关资料统计,林地总面积648.4 万亩,其中工业林地 258.1 万亩,商品林 379.3 万亩,林业辅助生产用地 11 万亩,森林覆盖率37.89%。成都市的森林资源主要分布在西北部的龙门山、邛崃山区,距离中心城区仅 100 km 左右。森林树种资源众多,形成多样的森林类型,经济林木种类较丰富,动植物资源也品种繁多。它们共同构成了成都多样性的自然景观,除了重要的林业价值以外,更具有重要的生态价值和旅游价值。

(3)旅游资源丰富。全市现有人文景观 182 处,其中全国文物保护单位有 5 处,分别为武侯祠、杜甫草堂、王建墓、金沙遗址和都江堰水利工程,有省级、市级文物保护单位共 113 处,还有世界唯一的大熊猫繁育研究基地。此外,全国著名的九寨沟、黄龙、峨眉山、青城山等诸多自然保护区、风景名胜均与成都相毗邻。可见,成都市旅游地理区位优势明显,是四川乃至全国"旅游环"的重要联结点,同时也是通往西藏的主要内陆通道。

2)生态建设与环境整治状况

(1)城市水系

在成都城市的不断发展与扩张中,由于缺乏对水的有效保护及利用,市域水系遭受了严重的污染和损害,如今仅剩下府河、南河两条干流以及沙河、西郊河、江安河等支系统,许多的支渠已萎缩或者消失。

对此,成都在水环境的综合整治方面采取了一系列措施。比如,1994—1997 年的府南河综合整治工程,具体从河道整治、河滨绿化、污水截流与处理、旧城改造等多个方面入手进行了较全面的治理[①]。该整治项目很好地发挥出了社会、经济与生态的综合效益,且相继获得联合国 1998 年"人居

---

① 九妹谈设计. 成都市府南河河道综合整治[EB/OL]. http://www.douban.com/note/311235225/.

奖"、2000 年"最佳范例奖"等五项国际大奖。另外,2001—2004 年的沙河综合整治工程也取得了良好的效果,沙河沿线的生态环境得到极大改善,荣获了"舍斯国际河流奖"。除此之外,成都市还采取了治理工业污染源、修建环保基础设施(如污水处理厂、垃圾处置场)等有效措施来加强水环境的保护与治理。从 2003 年以来,成都市对中心城区 30 多条中心河道全面开展了综合整治工程,并且还启动了三环路以外上百条河道的综合整治。

当然,也有学者对府南河整治工程的成效提出了质疑,认为该治理过程在"与自然的协调性"方面考虑不够充分,反而在一定程度上是造成了对府南河自然生态环境的破坏,而且还存在一些"隐患",在此基础上提出了借鉴日本的"多自然型河川工法"的建议(张影轩,中国科学院环境研究中心,2004)[1]。无疑,无论政府、专家,或是市民,都认识到了水资源环境保护对于城市可持续发展的重要性,而张影轩等学者的观点也在提醒我们,在进行环境治理的同时,一定不要造成新的污染和破坏,也不要形成过分突出的人工雕琢景象。

(2) 城市生态绿地系统

在城市生态建设方面,成都共建 8 个国家级生态示范区(温江、郫县、蒲江、都江堰、大邑、邛崃、金堂和崇州)、1 个省级生态示范区、6 个自然保护区、8 个森林公园与 11 个风景名胜区[2]。同时,"退耕还林还草"、天然林保护等工程正在加紧实施,再随着一些大型绿化工程及湿地公园的建设,成都的生态环境得到一定的改善,相关绿化指标也有所提升。城区新增绿地面积达到 152 hm²,公园总绿地面积 4 111 hm²(公园 97 个)。

3) 城市发展与生态环境矛盾依然突出[3]

尽管成都在生态建设与环境整治上取得了一定成果,但是,城市发展和生态环境的矛盾依然日益尖锐,生态问题仍旧突出,令人担忧。

(1) "人地矛盾"突出,水土资源流失

土地是人类生存所需的最重要资源之一。然而成都城市建设用地快速增加,2002 年即已突破规划中 2020 年的用地规模(1996 版总规)。城市用地的迅速拓展,使全市水土流失严重,2000 年,市域水土流失面积达 2 766 km²,占市域面积的 22.94%。另外,城市规划区内土地的预留资源

① 张影轩. 成都府南河综合整治工程效果剖析[J]. 规划师,2004(6):52-55.
② 成都市地方志编纂委员会. 成都概览[M]. 成都:成都时代出版社,2009.
③ 主要参考:成都市规划设计研究院. 成都市城市空间发展战略研究·专题研究[Z]. 2003.

短缺。1990 年至 2013 年期间,由于城市迅速扩张、城乡结合部的土地利用模式缺乏合理性等原因,导致全市耕地面积从 46.54 万 hm^2 下降至 32.15 万 hm^2,平均每年减少 6 256 hm^2,市域人均耕地面积相比全国平均水平较低(图 4-11),成都人均耕地不足 0.6 亩,低于联合国粮农组织确定的 0.8 亩人均耕地警戒线。此外,由于对农药、化肥等过量使用,降低土地肥力,造成了一定程度的"土地资源退化"。

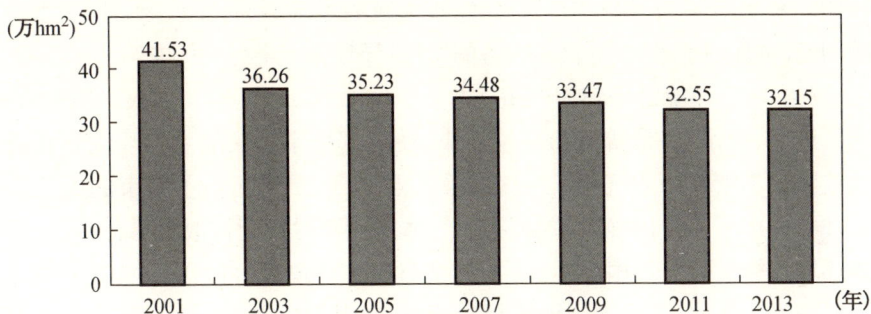

图 4-11 成都市耕地变化情况

(图片来源:根据四川统计年鉴(2001—2013)年数据绘制.)

(2) 河流生态体系受损,水资源供求矛盾加剧

虽然水环境治理工程一直在推进中,但成都的水资源状况依然不容乐观。如今,由于岷江上游水涵养区遭受破坏,使成都市总供水量不足、用水格局改变、水质下降、枯水期增长以及水量年际变化大等水资源问题仍未明显改善,亟待解决[①]。同时,在城市扩展及城市建设中,由于工业和生活污染的增加,又缺乏对水的保护和利用,城区河段水质遭到严重污染,水域也越来越狭窄。三环路以内有 52 条河流的水生态环境恶劣,正濒临死亡。据监测,虽然饮用水源地水质稳定达标,但岷江支流府河黄龙溪段、江安河等河流污染十分严重。

另外,成都河流研究会所提供的粗略数据表明,几十年来,成都约近300 处的河道已被填塞或者覆盖。这不得不令人回想到 40 年前,为修筑地下防空工事而填埋了经过整理和绿化的皇城御河;后又填埋了横贯城区的金水河,严重破坏了城区的排水系统。人为的破坏,使今日的城市面临严峻的水生态危机。

---

① 黄雪菊,孙辉,唐亚.城市化背景下成都市水资源安全及可持续发展[J].世界科技研究与发展,2004(10):74-78.

（3）森林资源锐减，生态调节功能脆弱

全市森林覆盖率低，且分布不均，主要集中于西部山区，为 58.3%；丘陵地区垦殖率高，森林覆盖率仅为 10%～20%；平原地区的森林覆盖率更低，为8%。森林林种、树种、层次等组成结构不够合理，整体的生态功能较脆弱[1]。目前森林多为中幼林，生态效益不高，天然林面积比 1950 年代减少 76%。成都市域西部素有"川西生态屏障"之称，是整个川西地区水资源涵养地。但是长期以来，由于森林植被的严重破坏，极大减弱了调蓄、涵养水源与保护水土的功能，也加剧了水、旱等自然灾害的发生，导致整个生态平衡失调[2]。

（4）城市环境污染较为严重

废气、废水、废渣等城市环境污染，使成都城市居民的生存环境受到极大威胁。不断增加的机动车尾气以及工业废气，严重污染了城市的大气环境，同时，由于盆地内静风率高，有害气体不能及时得到扩散与稀释，致使许多环境指标数值低于国际标准，尤其是与生态环境良好的国际城市平均值相差较大。此外，城区大气污染较为严重，通常人口密集的中心城区污染高于人口稀少的乡村，工业区由于有大量生产排放，其污染高于第一和第三产业区，当然也与成都全年的主导风向等有关。

（5）城市绿地系统不完善，人居环境质量有待提高

当前，成都市仅初步建成类型较为齐全的城市绿地系统，但系统整体水平还较低、尚需进一步发展和完善。城区城市生态环境质量不高，部分绿地指标与国家标准还有一定距离，与国内外先进城市相比差异更大（表 4-5）。

表 4-5　成都与国际环境良好的城市环境指标比较

比较区域及年份	城市绿化		环境空气质量（mg/m³）		水环境质量	声环境质量 dB(A)	
	公共绿地（m²/人）	绿化覆盖率（%）	SO₂	NO₂	水质	昼间噪音	夜间噪音
国际平均值	36.4	33.3	0.067	0.030	二类以上	58.5	50.5
2001 年成都平均值	2.8	21.9	0.049	0.040	局部五类	59.9	52.4
2008 年成都平均值	11.4	38.6	0.049	0.052	局部五类	58.6	53.5
2013 年成都平均值	12.79	38.81	0.031	0.063	少量劣五类	54.4	45.5

（表格来源：根据成都市环境质量公报、成都市环境质量白皮书（2001—2013 年）整理绘制.）

---

① http://www.chd.cei.gov.cn.
② 成都市规划设计研究院.成都市城市空间发展战略研究·专题研究[Z].2003.

一方面,城市总体绿量仍显不足。例如生产性绿地缺乏,建成区内的园林苗圃所占比例小,低于国内2‰的标准;公园绿地、防护绿地和以风景林为主的其他绿地占有比例偏少且发展缓慢,城市上风上水之处没有"环保导风绿地",工业区和市中心区之间也缺乏分隔绿地。尤其是中心城区建筑密度大,使绿地空间难以得到释放,环境景观"硬质化",当然,这也是由城市形态的层级发展结构所决定的。再加上规划实施的力度不够,一些已建成的公园绿地时常被侵占,而规划中确定的绿地性质被改成了其他功能用途,如文化宫、体育中心等[①]。另一方面,由于城市广场、公园、风景区之间缺少一定的联系,诸多要素没有实现有机结合,无法构成连续性的城市开敞空间形态。另外,城市绿地系统构成的多样性不够,尤其缺乏高大乔木,且"块、线为主""点、团较少"。绿地建设发展有失均衡性,导致布局不够合理,如城北、城东缺少绿化游憩场所。

据成都统计年鉴的数据资料显示,2001年成都建成区的绿地覆盖率是21.9%,虽然对三环路进行的绿地建设增加了公共"绿量",但人均绿地面积仅为 2.8 m^2/人;2013年建成区绿地覆盖率为38.81%,超过了国际平均值,从数据上来说的确是质的飞跃,人均公共绿地面积较2001年虽有了显著提高,达到 12.79 m^2/人,但是与国家标准值(16 m^2/人,国内先进)相比仍有一定距离,与国际标准相比有很大差距。

4.3　城市形态模式可持续性分析

4.3.1　城市形态的紧凑度测定

对于城市形态模式的可持续性分析,通常定性的研究较多,量化研究则由于计算与分析的过程相对前者要复杂些,而且对于前期相关数据图形资料的掌握要求也较高,因而用此方法进行城市形态研究的成果比较少。鉴于此,本章试图通过选择运用适当计量方法来获取相关的量化指标,对成都城市的外围轮廓形态特征方面进行科学的测定,以分析城市形态发展的紧凑度。

---

① 刘婧,张培,孙峻峰.成都城市绿地系统规划研究[J].成都大学学报(社科版),2007(3):54-56.

城市外部轮廓形状是用以分析城市社会、经济等众多问题的基础之一，它的变化会对城市的交通、公共设施、产业、居民生活等许多方面产生影响。城市的外部轮廓形状与城市形态有着非常紧密的内在关联，其紧凑度从几何学意义上反映着城市形态的部分特征。它在地学领域通常被运用于度量城市形态的不规则形状及其紧凑的程度，通过指标的计算，反映出城市形态抽象的形状。紧凑度指数越接近标准值（由于圆形的形状最紧凑，一般以圆形的紧凑数值作为衡量标准），就越表明城市发展的紧凑性较好。因此，紧凑度反映的是城市建成区用地的集中与分散程度。

在实际的应用中，常对不同阶段的紧凑度指数进行比较，以研究城市形态演变过程中的外显特征。我国学者武进(1990)运用紧凑度法对国内多个城市的形态紧凑程度进行了研究。他指出，城市形态发展是遵循周期性的扩展规律的，而且，紧凑度变化的状况和城市的经济周期密切相关：当经济高速发展时，城市的二维平面形态扩展会加速进行，紧凑度相应降低；当城市拓展步伐减慢且开始进行城市用地的内部填充时，紧凑度则相应提高[①]。

通常有以下一些计算方法：形状率法、形状指数法、外接圆法、圆形率法，等等。本章主要采用其中的形状率法和形状指数法对成都城市形态的紧凑度作计算研究。

（1）形状率法

该城市外轮廓形状率的测度法是由豪顿（Horton，1932）提出的，它是用城市建成区面积与建成区最长轴平方的比值来衡量。虽然，此方法的缺陷是仅考虑了最长轴因素，而不能完全反映建成区的外部形状的多样特性，但也是一种衡量区域形状的重要指标方法。它的计算公式为：$Q = A/L^2$（其中：A 代表"建成区面积"，L 代表"建成区最长轴长度"）。将成都 2001 年、2007 年和 2015 年的建成区面积、建成区最长轴长度数据分别代入计算公式：

$$2001 \text{ 年成都的形状率} = A/L^2 = 228.11/17.8^2 = 0.720$$
$$2007 \text{ 年成都的形状率} = A/L^2 = 407.9/25.1^2 = 0.647$$
$$2015 \text{ 年成都的形状率} = A/L^2 = 528.9/30.1^2 = 0.584$$

在此方法的衡量标准体系中，圆形的形状率 $= \pi/4$，即 0.785（不是 1）。

---

① 陈蔚镇，郑炜. 城市空间形态演化中的一种效应分析——以上海为例[J]. 城市规划，2005(3)：16-21.

以此为参照,当 $Q \geqslant 0.5$ 时,区域形状为团块式形态,并且介于 0.5 和 0.785 之间时,形状紧凑度较高;当 $Q < 0.5$ 时,城市形态表现为带状或轴向发展[1]。由计算得出,成都 2001 年的形状率为 0.720,2007 年的形状率为 0.647,2015年的形状率为 0.584,均为块状形态,城市内部交通联系较为便捷。而且,2001 年的数值接近块状形态参考值区间的上限,2007 年与 2015 年数值则逐步下降,因而可以判断,近年来成都的城市空间形态正呈现出以原中心城为核心向外轴向式发展的趋势。

(2) 形状指数法

这是 Boyce 和 Clark(1964)提出的半径形状测定法,它同形状率法一样也是将研究对象与标准圆形及其相应的形状指数参数进行形态对比,推断出相对的形状指数,从而识别所研究城市的二维形态特征。该方法与形状率法不同的是,它不用面积指标,而是采用多条半径指标的方法来计算度量,所以也称放射状指数法。其计算公式为[2]:

$$SBC(形状指数) = \sum_{i=1}^{n} \left| \left(100r_i / \sum_{i=1}^{n} r_i \right) - (100/n) \right|$$

以上公式中,r_i 代表从所研究的不规则图形的"优势点"(即形状几何中心或者城市 CBD 中心)到该图形不规则边界的半径长度;n 代表半径的数量,这些半径之间的角度均相等(即等分半径)。对于标准图形来说,显然 n 条半径都是相等的,即 $r_i = r$。在此,我们可以定义两个"相对长度":一是不规则图形 n 条半径中第 i 条半径的相对长度为"该图形第 i 条半径的长度与 n 条半径总长度之比",即 $r_i / \sum_{i=1}^{n} r_i$;二是标准圆半径的"相对长度"为 $r_i / \sum_{i=1}^{n} r_i$,但因圆的半径均处处相等,即 $r_i = r$,故 $r_i / \sum_{i=1}^{n} r_i = r/nr = 1/n$。

由此可见:图形形状指数的几何意义,就是该不规则图形的第 i 条半径的"相对长度"偏离标准圆半径的"相对长度"差值的绝对值之和。它是一个无量纲的比值,可以写成"百分比"的形式:$100 \sum_{i=1}^{n} \left| (r_i / \sum_{i=1}^{n} r_i) - (1/n) \right| \%$;为简洁起见,形状指数 SBC 通常用"百分数"表示,即:

---

① 林炳耀. 城市空间形态的计量方法及其评价[J]. 城市规划汇刊,1998(3):31-34.
② 王新生,等. 中国城市形状的时空变化[J]. 资源科学,2005(3):20-25.

$$SBC = 100 \sum_{i=1}^{n} \left| (r_i / \sum_{i=1}^{n} r_i) - (1/n) \right| = \sum_{i=1}^{n} \left| 100(r_i / \sum_{i=1}^{n} r_i) - (100/n) \right|$$

如果半径的数量越多,那么计算结果也就越精确,本书拟采用半径数 $n=$ 16 来进行计算。在王新生等学者的研究中,提出了 15 个图形的形状指数参考值(表 4-6),其中形状最紧凑的圆形形状指数为 0,最离散的直线形态数值为 187.5。他们据此标准进行研究后得出[1],1934 年、1974 年、1990 年与 2000 年这 4 个时间段,成都与国内其他 30 个特大城市的形状指数相比较都是最小的,数值分别为10.550、16.170、13.004 和14.144,这说明成都城市的外部轮廓形状始终很紧凑,接近于正四边形。而且通过一系列的数据比较后进一步指出,各城市的形态扩展几乎都经历了紧凑→分散→再紧凑的周期变化过程。从成都城市的形状指数变化情况看:1934—1974 年,形状指数上升,城市外部轮廓从紧凑倾向于非紧凑、分散,城市发展用地向周围延伸扩展;1974—1990 年,形状指数下降,说明城市发展用地受到一定的控制,由此城市外部形状又趋于紧凑,呈现内向填充;1990—2000 年,形状指数又开始上升,表明城市外部形状再次从紧凑趋向于分散,城市发展用地继续向周边蔓延。

表 4-6　15 个图形的形状指数

图形编号	图形类型	形状指数
11	圆　形	0.000
3	正八边形	1.960
4	正八边形	2.060
6	菱　形	9.656
9	正四边形	9.658
7	矩　形	25.286
2	矩　形	33.041
13	星　形	34.852
12	H　形	49.706
1	长条矩形	59.880
14	X　形	66.366
10	带状矩形	90.851
8	线状矩形	94.011
5	线状矩形	122.404
15	直　线	187.500

(表格来源:王新生,等.中国城市形状的时空变化[J].资源科学,2005(3):20-25.)

---

[1]　王新生,等.中国城市形状的时空变[J].资源科学,2005(3):20-25.

本章在王新生的研究基础上增加了 2007 年、2015 年的数据，运用形状指数法的公式计算得出，形状指数分别为 17.127、37.160（图 4-12）。对照 Boyce 和 Clark 关于形状指数的图形列表，可看出，成都 2007 年建成区的平面形态依然较为紧凑，接近正四边形或矩形形态。结果还表明，2000—2015 年，形状指数继续上升，且幅度较上一阶段提高较大，城市形状趋向于较为明显的分散，城市空间形态呈轴向发展（表 4-7，图 4-13）。

表 4-7　成都六个年份的城市形状指数

年份	1934 年	1974 年	1990 年	2000 年	2007 年	2015 年
形状指数	10.550	16.170	13.004	14.144	17.127	37.160

（表格来源：笔者根据相关文献资料整理绘制.）

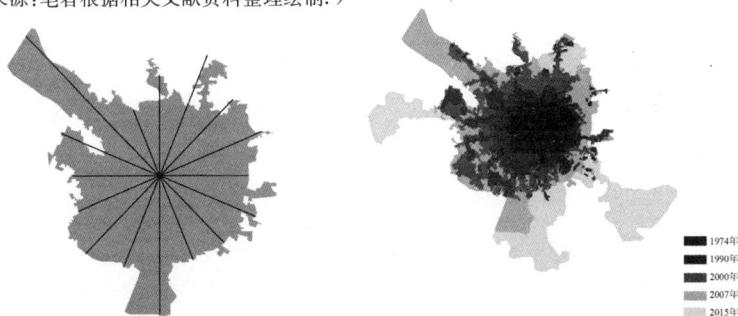

图 4-12　成都城市形状指数计算示意(2007)　图 4-13　成都城市建成区发展演变过程
（图片来源：笔者自绘.）

成都城市形态的扩展经历了圈层蔓延与轴向扩展的循环往复过程。在此进程中，每个大周期后便扩展形成新的"圈层"，放射状路网与环状路网交替发展而构成日益庞大的"环＋放"道路体系，这即是成都城市形态"摊大饼"模式的形成过程。

虽然，以上对城市外部轮廓的量化研究，并未全面、彻底地反映出城市形态发展的综合性与细部特征，但在实际应用中，该研究对于探索城市空间形态发展规律及其动态演变特征的比较很有价值。而且，在此基础上结合其他非量化的方法作为补充，进行城市形态发展的综合研究，可以增进探讨的全面性和深入性。

4.3.2　空间经济与人口问题分析

进入 21 世纪以来，随着成都产业结构的不断调整，东郊老工业区转移出中心城区，现代产业体系日趋优化与完善，市域产业空间布局形成了梯度发展的经济圈层结构(图 4-14),使城乡结构得以优化。目前,成都依然发挥着特大城市的高度集聚效应。

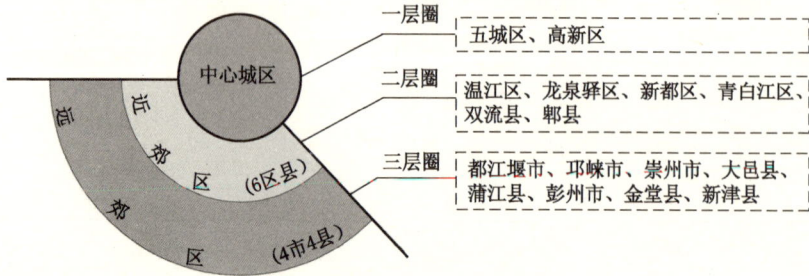

图 4-14 成都市域经济圈层结构
(图片来源:笔者自绘.)

一层圈：五城区、高新区

二层圈：温江区、龙泉驿区、新都区、青白江区、双流县、郫县

三层圈：都江堰市、邛崃市、崇州市、大邑县、蒲江县、彭州市、金堂县、新津县

(1) 经济与人口问题

近年来,一些学者运用"逐步回归法"对成都区域经济发展和人口分布的关联度作了量化分析。据相关的数据表明,影响成都人口分布的主要经济因子是产业(尤其是第一、三产业),具体表现为:人口密度随着第三产业的不断发展而越来越大,人口分布也会更为集中;相反,人口密度又会随着第一产业的发达而越来越小,人口分布会趋于更分散。根据 2001—2006 年的数据分析,成都的经济和人口在城市空间上的关联度虽较好,不过却呈现逐渐下降的趋势;同时,经济和人口的分布都有往中心城区集中的现象①。2005 年,中心城区的经济总量约达全市总量的一半,空间经济的集中化程度明显,并且高于人口分布的集中化程度,第三产业产值几乎为近郊或远郊的 3 倍。近几年来,虽然经济总量也有逐步向中心城区周边的二圈层转移的趋势,但是中心城区的集聚度依然很高,同时,经济圈层中经济与人口有关的发展与分布等问题依然存在。

1994 年的成都市总体规划着重提出了中心区人口疏散问题,然而,中心区地价与拆迁的高成本压力,导致开发商的高容积率建设,旧城区的开发强度大增,由此,中心区从居住人口的密集型逐渐发展为就业与流动人口的密集型,人口总量则是"不降反增"②,使城市用地和基础设施呈现不足。在成都总规的调整规划中,2010 年中心城区的人口规模调整为 270 万人,但

① 薛莹莹,沈茂英. 成都市人口分布与区域经济协调发展研究[J]. 西北人口,2009(2):84-87.
② 中国城市规划设计研究院. 成都市城市空间发展战略研究[Z]. 2003.

是至 2013 年时人口已经达到 303 万人,提前突破规划的规模。同时,市域
范围的人口密度还有着较突出的"区域差异性",市域西部人口聚集度低,中
部、东部高。在成都 2013 年的市域人口密度空间分布中,龙泉驿区人口密
度相对于 2001 年增大较明显,而邛崃市的人口密度则降低到 500 人/km²
以下,市域东部的人口聚集性在加强(图 4-15,图 4-16)。

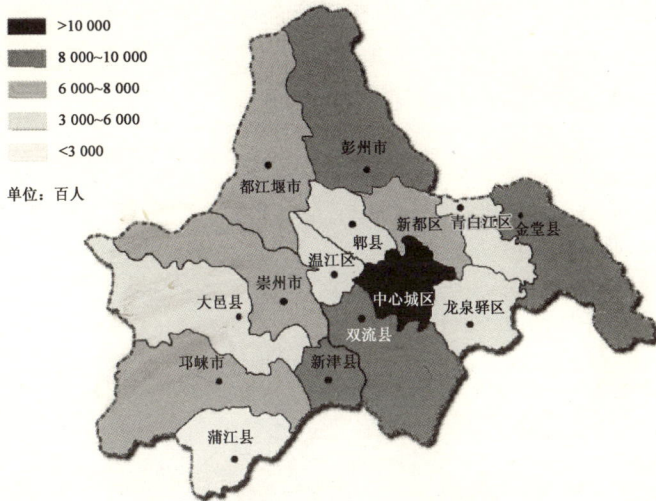

图 4-15 成都市域总人口空间分布(2013)

(图片来源:笔者自绘.)

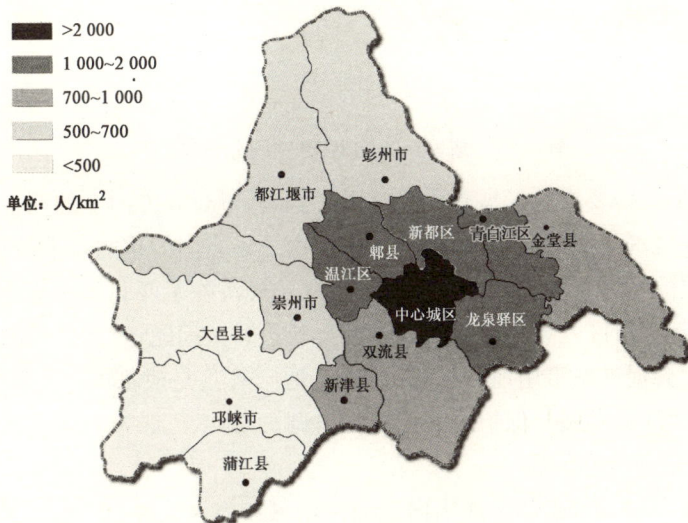

图 4-16 成都市域人口密度空间分布(2013)

(图片来源:笔者自绘.)

经济与人口要素的集中,导致了城市各空间方向上的差异性,同时,也出现由中心城区逐渐向近郊区进行经济扩散的现象。2001年,经济要素主要分布于市域中部,且扩散方向主要为南部和西北部地区,向远郊区的经济拓展尚不明显,外围(第三圈层)经济远落后于中心城区的经济发展。2013年,人均GDP各区市县整体上均有增长,但之间的差异状况有所变化。经济要素仍主要分布于市域中部,但扩散方向除了保持原有的西北部、南部,还转向了北部的青白江以及东部地区的龙泉驿地区,西北部进一步由郫县扩散至都江堰,南部通过双流扩散至新津(图4-17)。

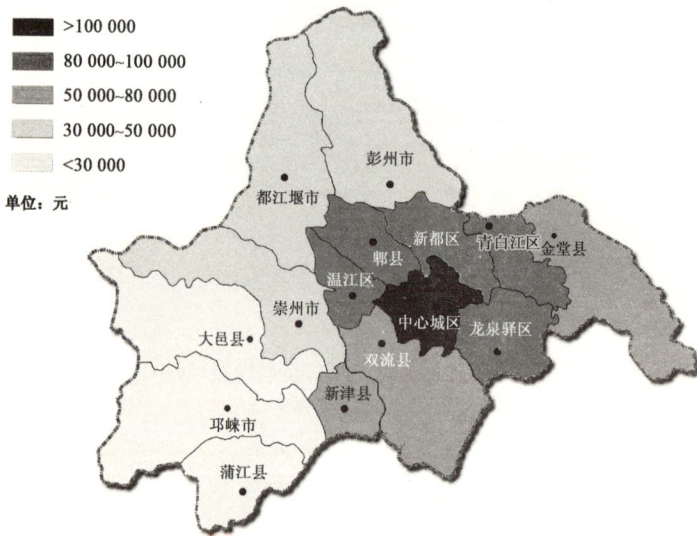

图4-17 成都市人均GDP空间分布(2013)

可见,经济要素的扩展范围在逐步扩大,并进行着方向上的调整。从城市规划区范围看,经济要素总体上在东西南北各方向的扩散几乎是均衡的,第二圈层的经济发展十分迅速。第三圈层的经济除了西北部的都江堰发展较快,依然与市区差异很大。从此点还反映出另一问题,经济要素的增长一定程度上会促进城市用地的扩张,而都江堰—郫县是成都的生态资源储备区,所以要注意发展与保护之间矛盾的协调。

(2)产业分布问题

早在1998年,成都已提出向东向南的城市发展策略,但是,具有"老工业区形象"的城东依然未被普遍认同,反而是"上风上水"的城西继续受到投资者及政府部门的支持,资源朝着有惯性区位优势之处集聚。由此,市区出现不同空间位的高新区——高新西区(2001)和高新南区(1996),另外还有城东郊的成都经济技术开发区以及海峡两岸开发区等。

图 4-18 显示了成都中心城区三环路以内的产业空间分布情况,产业较为分散。2003 年以来,成都将原有分散的 116 个工业开发区,逐渐整合为 21 个主导产业突出的工业集中发展区,使原有产业要素离散的现象得以改善,增强了规模经济效应,但是集聚性依然不够,工业区的整体分布"由点到块"的整合还需要加强。

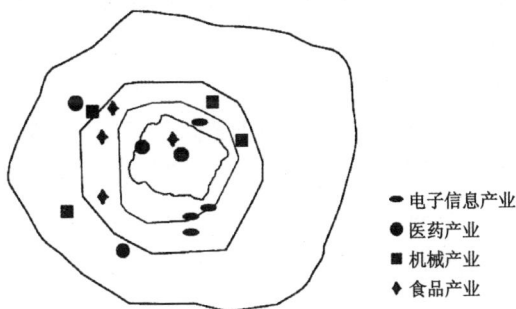

图 4-18　成都三环路内产业空间分布

(图片来源:根据 http://www.docin.com 重绘.)

其中,成都信息技术产业的发展尤为迅速,主营业务收入从 2001 年的 180.4 亿元增长到 2012 年的 3 777 亿元,约增长了 21 倍(图 4-19)。IT 产业增加值占全市 GDP 的比重达到 13.7%。

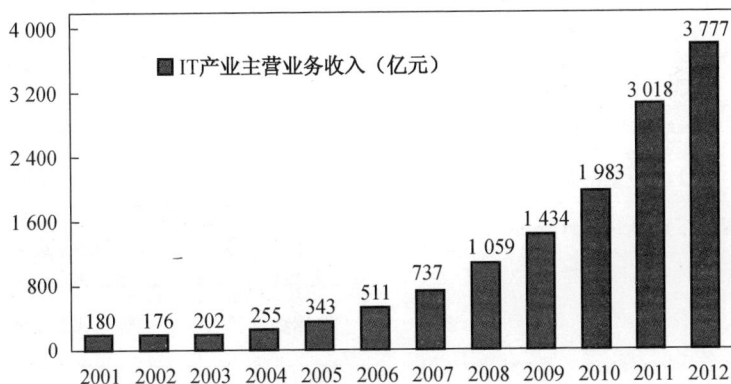

图 4-19　成都 IT 产业主营业务收入(2001—2012 年)

(图片来源:笔者自绘.)

成都市是国家信息化试点城市,也是国家软件产业、信息安全产业与集成电路产业的基地。借鉴国外信息产业发展的成功模式,1988 年,成都建立高新技术产业开发区(简称成都高新区),1991 年经国务院批准为首批国家级高新技术产业开发区,2000 年批准为中国亚太经合组织(APEC)科技工业园区①。在高新技术产业的空间分布上,成都建立高新区的前10年呈现出集中度不高的特征,空间分布略散,信息产业规模的优势还未形成,后期开始出现"离心集中"的趋势,即向二圈层进行空间集聚。2007年以来,信息产业规模不断扩大,产业结构不断优化,向着专业化、规模化、集成化方向转化,产业载体在不断完善。目前也存在一些问题,比较突出的问题是产业链配套设施不够完善。

作为中国IT产业前三极的长三角、珠三角和环渤海经济区,均以城市群的方式发展带动的,因此,成都也必须破除单一发展的壁垒,应以城市群、产业带的模式带动全省甚至西部地区的电子信息产业发展。表4-8是成都信息产业集群的空间布局现状。

表4-8 成都信息产业集群的空间布局现状

序号	产业载体	创建时间(年)	布局地	产业集群
1	成都高新南区	1996	成都高新南区	集成电路、信息安全、数字媒体、应用与嵌入式软件集群
2	成都高新西区	2001	成都高新西区	IC封装测试集群、IC制造集群、IC配套产业集群
3	成都国家软件产业基地	1997	成都高新区	应用软件集群
4	国家信息安全成果产业化(四川)基地	2000	成都高新区	信息安全集群
5	武侯科技工业园	2000	武侯区	应用软件集群
6	锦江工业总部基地	2000	锦江区	应用软件集群
7	国家集成电路设计成都产业化基地	2001	成都高新区	IC设计集群
8	国家数字娱乐产业示范基地	2004	成都高新区	数字媒体集群
9	双流光伏产业园	2004	双流西南航空港开发区	电子材料与元器件集群
10	国家(成都)电子元器件产业园	2005	龙泉驿区	电子材料与元器件集群

① 刘金苹.成都高新技术产业开发区[EB/OL]. http://www.people.com.cn/GB/54918/55146/55436/4162727.html.

序号	产业载体	创建时间(年)	布局地	产业集群
11	新津工业园区	2006	新津县	电子材料与元器件集群
12	新能源产业国家高技术产业基地	2010	双流	新能源产业集群
13	国家电子商务示范城市	2011	市域	电子商务集群
14	轨道交通高科技产业园	2013	金牛区	轨道交通产业集群

(表格来源:根据《成都市电子信息产业集群发展规划(2008—2017年)》等资料整理绘制.)

4.3.3 成都城市形态发展的空间制约

1) 空间拓展方向的生态制约

从城市拓展方向上看,成都市区往周围四个方向上还有一定的发展空间,不过都存在不同程度的制约条件,尤其是西边。具体表现在:①往东:过于邻近连绵的龙泉山山脉,使东进扩展路线受阻;②往南:处于城市下风向,不过丘陵地带较多,开发成本略高,关键性项目的带动暂时还不够;③往西:有高耸的龙门山—邛崃山脉,山区集中了市域内主要的森林资源,同时西边也是成都的水源涵养地、上水之方向,对城市生态环境起到至关重要的作用,若向西拓展则会侵占农田,阻碍对良好水源以及生态环境的保护,而且历史文化遗存大多集中于此地,也不应因城市的扩张而破坏这些宝贵遗产;④往北:此方向发展的限制条件较多,处在城市的上风向,地下文物也较多,建设发展基础较差[①]。

鉴于以上生态条件的约束分析,成都城市的空间发展宜以中部平原地区为发展主体,西边则需要尽量提高森林覆盖率、加强水源涵养、恢复生态平衡,为成都城市的可持续发展提供生态保障。

到目前为止,成都还没有形成统一、明确的投资建设方向,东西南北各向都存在投资发展的可能性,各区(市、县)功能争夺空间资源的现象也较明显。虽然西、南两个方向由于高新区的带动发展,而使城市建成区呈现轴向外拓的趋势,但城市依然还是以同心圆向外均衡扩散为主,限制了生态效益的发挥。而且,建成区的西拓发展状态也与西边的生态性区位相矛盾。

---

① 参考:中国城市规划设计研究院.成都市城市空间发展战略研究[Z].2003.

2) 资源要素约束

根据空间经济学原理与"门槛理论"[①],城市的增长效应并非是无限的或者连续性的,这个过程受到了资源条件的约束,因而呈现出城市形态扩展的阶段性特点。城市必须具备所需的发展条件后,并在经济规律作用下,才能跨越"门槛"往更高的阶段迈进。当城市发展到一定阶段,具备一定规模时,通常会出现阻碍城市继续增长的因素,比如地域环境、城镇结构等,尤其体现在城市土地资源与自然生态条件的空间约束方面。此时,规模效应会逐渐变小,只有再次跨越"门槛"时,城市才会出现新的规模效应。

从1990年至今的20多年间,城市建设用地与人口的迅速膨胀,使成都城市增长所需要的空间和土地资源越来越紧缺。目前中心城区可供开发的土地资源已经非常有限,从外环路(四环)往北约15 km即出成都市域辖区,而进入德阳市的广汉,往东约20 km则出成都到达资阳市的简阳。北和东这两个方向的行政区范围较狭小,空间资源短缺而封闭性较强,使城市空间的扩散效应受到约束。

有关研究表明,从2003—2008年期间,成都市的人均生态足迹已从 2.003 8 hm^2/人增长至 2.073 6 hm^2/人,而人均生态承载力却从 0.331 hm^2/人下降至0.313 hm^2/人[②]。生态足迹远大于生态可承载力,并且,目前生态承载力依然持续下降,这说明成都的空间资源越来越稀缺,这必然影响到城市未来的发展。因而,即使成都的自然资源相对其他城市有一定优势,但生态压力依然很大,建设生态可持续发展的城市之路是必然选择。

3) 中心城区过度集中对轴向发展的制约

成都中心城区的一、二、三环,一直是城市发展的重点建设区域。一、二环内的就业量非常大,三、四环的负荷也正在增加。城市发展成本逐步增大、负荷日益加重、发展空间明显不足,结果必然导致城市用地功能向城区周边"外溢",即往二圈层渗透。在此过程中,用地的选择缺乏一定的系统性规划指导,城市空间发展战略缺乏连续性的贯彻力度,各区均致力于拓展新空间,致使城市重点发展方向模糊不清,部分发展规划的制定和建设也由于实际发展状况等原因而跨越了总体规划的范围,于是出现城市形态"摊大

---

① 由波兰经济学家鲍·马利什于1960年代创立。

② 钟小兰,彭文甫,黎秋阳,等.基于生态足迹的土地生态承载力动态变化研究——以成都市为例[J].安徽农业科学,2012,40(23):11855-11858.

饼"式的圈层蔓延。

　　城市规划区的现状空间拓展形态仍受到四大方向的驱动力牵引:南部和东部的扩展受到政府近期发展战略而构成的强烈政策力驱动;北部由以传统产业为主导的惯性力所驱动,同时作为发展战略的方向之一也受到了政策的支持;西部则也受到传统市场惯性力的拉动。四个方向上由于不同因素引起的较为均衡的驱动力,使得城市很难停止继续蔓延的步伐(图4-20)。如今,中心城区负荷最重的区域集中在南部和西部,北部的空间拓展面临功能上的空间重构,而东部的空间驱动力还需加强。

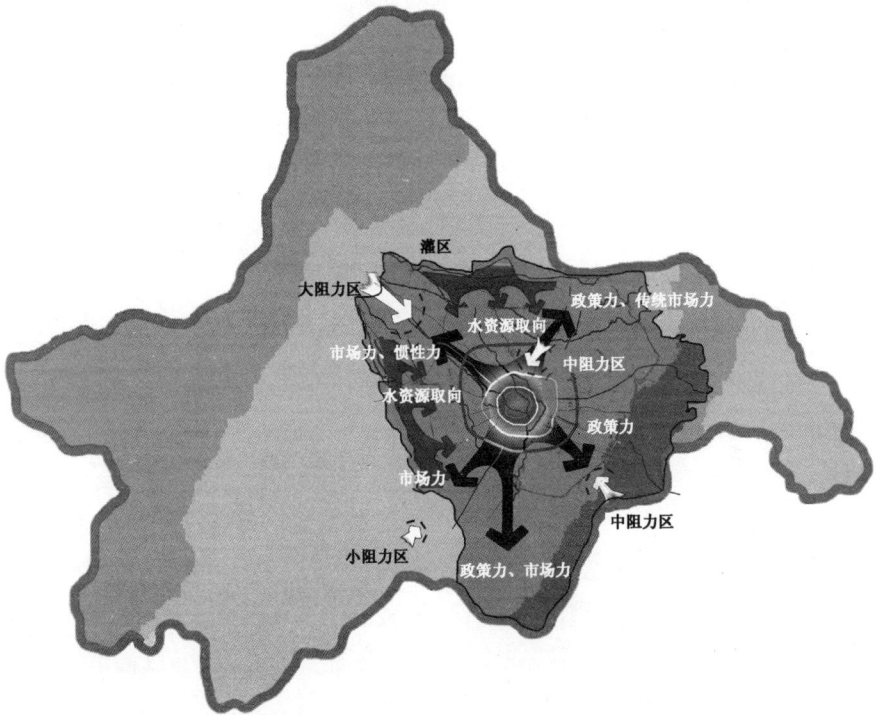

图4-20　成都城市规划区空间拓展驱动与制约分析

　　针对上述的发展问题,成都市规划部门组织了《成都市城市空间发展战略》的专项研究(2003),希望建立有序的城市发展方式,合理疏散中心城区的重压,改善其环境与交通状况。为此,确定了轴向发展的思路:城市发展的主导方向为南北向,同时,扩大向东发展的空间,提供部分产业支撑。从目前发展的情况看,南部新区的建设相对突出,但尚未形成理想的轴向形态,依然是"四面开花",旧城区仍有着强大的"磁力",而 2009 年大规模旧城改造工程无疑也强化了这种中心极化的作用,使得人口继续增加,旧城区附加了更多的额外功能。

另一方面,周边组团向中心相向发展的压力①也制约了空间的非均衡拓展。成都市总体规划(1995—2020 年)中确定了七个卫星城:龙泉、大弯、柳城、桂湖、郫筒、东升、华阳,目的是改善大都市过度集聚的状况,分散中心城区的人口,承担城市第二产业的发展职能,与中心城区共同构筑联系紧密、有序的城市群。然而,这些卫星城与中心城区空间距离过近,仅 10 km左右,中心城功能又过于集中,卫星城的商贸、文化等功能均处于中心城区的紧密辐射范围以内,功能的发展受到一定的抑制,很难发展为真正独立的城镇。于是,为了拓展生存空间,各卫星城便自发地向中心城区生长,并且逐步转变为中心城功能片区之一。城市空间的轴向扩展,需要建立在以主要对外交通轴为支撑、引导的基础之上。但是,这些卫星城却通过放射状和环状路网相向蔓延,且连为一片,形成轴间用地的内向填充,从而加剧了中心城区的承载压力,也隔断了中心城通往城市外围的生态廊道,形成又一轮城市形态的圈层发展,城市土地利用在空间上依然呈现环绕中心区的布局惯性。

成都市城市总体规划(2002—2020 年),对围绕中心城区的周边行政区划(现四环路以外的二圈层)作了适当调整,设为六个周边组团:新都-青白江、龙泉、华阳、双流东升、温江和郫县。建设六组团的目标是要形成新的城市功能增长核,缓解中心城区的压力。目前,中心城辐射力对周边组团的带动力还不够,周边组团对城市人口密度和经济活动的疏解作用还需要加大。市域三个圈层的城市化发展差异仍较大,非农人口依然主要分布于中心城区。2007 年,一圈层(五城区、高新区)的城市化水平已达 85%,而二圈层的城市化水平仅为 25%,城市规划区以外的三圈层为 17%。《成都市城市总体规划(2011—2020 年)》中继续强调了多中心、组团式的空间格局思路,促进城市形态由"摊大饼"式向"组团式"转变。

4) 空间运行低效——交通压力

在成都城市形态的发展中,出现了空间运行低效的问题,主要体现在交通压力上。新中国成立以来,成都逐步发展形成了单核心、以"环+放"为主、局部方格网的道路格局。后加上"五路一桥"、绕城高速(四环)的修建,

---

① 成都市规划设计研究院.成都市城市空间发展战略研究·专题研究[Z].2003.

成渝、成绵、成灌、成雅、成乐、成南等多条放射性高速公路的建成,构成 4 大环状干道(一至四环)和 23 条放射性干道(包括 9 条高速公路),更是强化了"环＋放"的路网体系。近年来,随着城市用地的加速扩张,呈现出的交通问题越来越严峻。

借鉴国内外的建设实践经验,环形放射状的形态结构及相应的道路格局,必会造成市中心的过度聚集,因而,它是不适合特大城市的持续扩展的。成都在这方面已表现得极为突出,城市交通向心性特征很明显,径向交通量巨大,形成以旧城为中心、各方向基本均等的"出行方向系数"。虽然,锦江(府南河)以内的旧城区面积仅占市区面积的 16％左右,道路面积率为8.45％,但却承担着市区交通总量的 40％。据成都市 2008 年统计公报,成都市中心城区私家车数量已达 82.8 万辆,居全国第三位。但与此同时,道路、停车等基础设施的建设较为滞后,无法满足小汽车数量迅速增长对城市道路的需求,中心城区的交通矛盾更加凸显。

近十年来,成都开展了众多的城市交通建设与改造工程,例如,2001—2005 年实施的天府广场、红星路下穿隧道以及蜀都大道扩建工程等畅通工程,一定程度上改善了中心城区的交通畅行度。但是,交通矛盾与环境容量问题依然突出。据最新统计,机动车拥有量年平均增速达到18％,而中心城的道路面积年均增速是6％,2005—2015 年,中心城区高峰时段的平均车行时速已由 22 km/h 降至 15 km/h。尽管中心城区的路网长度已从 1949 年的86 km 增至 2015 年的 2 673 km,但是道路增长的长度远不及汽车增长的速度,另一方面城市路网密度不足,也严重影响了车行速度及路面安全,如今的道路状况已趋近交通临界状态(图 4-21)。

图 4-21　成都交通拥堵现状

(图片来源: http://www.cdqss.com)

从以上分析可以看出,高速增长的各类交通方式需求与有限的道路设施资源之间产生了激烈的供需矛盾。不仅如此,这种矛盾还将随着正在全面建设的地铁等大型交通设施工程的实施而加剧。因此,交通压力也是制约城市形态持续发展的重要问题。

4.4 城市形态可持续发展综合评价

迄今为止,有关城市形态可持续性的研究较为笼统,偏于定性,尤其在量化分析方面的研究极少。本书在前文总结到,"城市形态"是一定时期内,城市的物态环境显现出来的"基础形态",以及人类活动作用于城市物态环境而通过城市物质性要素折射出的"上层形态"的总和。可见,城市形态的持续、协调运行受到社会、经济、自然等子系统的作用和影响。作为中国西部的中心城市、高速发展的全国城乡统筹综合配套改革试验区(2007 年被国家批准设立)的成都,其发展进程与建设经验一直都受到许多学者的关注。由此,对成都城市形态的可持续发展进行综合评价,对于我国尤其是西部地区的经济建设与城市发展有重要理论意义和实践意义。

4.4.1 城市形态可持续性评价的指标体系

城市形态的可持续发展是一个渐进而长远的过程。在此过程中,它强调的是不应片面追求短时间、超强度的效应,而应始终保持一种和谐性和可承受性,这也是持续发展的基本要求。为了给城市形态的可持续发展对策提供相应的依据,必须对现状城市形态进行分析与综合的评价,以便对未来的发展提出合理化的建议。

1) 指标体系的建构原则

可持续发展要求社会、经济、生态环境与资源等协调稳定发展。因此,成都市城市形态可持续发展的指标设计应当采取以下的建构原则[1]:①综合性原则——应综合、全面反映城市形态发展各方面的特征;②结构性原则——应体现城市形态构成要素的内在关联;③渐进式原则——应体现动态性、可变性,可量度城市的发展倾向;④系统性原则——城市巨系统可分解为不同级的若干子系统;⑤可行性原则——建构体系应简明、可行,数据易获取,并要有一定代表性。

总之,指标体系的确立需注意科学性,能较为客观地反映出城市形态的

---

① 参考:李伟,陈国阶.成都市可持续发展的综合评价[J].四川师范大学学报(自然科学版),2000(4):440-442.

发展状况和子系统各级层次间的关系，并可以此为依据，理性地反映城市形态的特征和运行规律，度量出可持续发展目标的实现程度。同时，应做到保证数据来源的准确与可靠度，使评估模型科学化。

2）现代城市形态可持续发展的评价体系

根据上述五项"建构原则"，参照国家环保总局建立的《生态城市指标体系及评价指标》，本书对现代城市形态可持续发展的评价，将主要通过经济指标、社会指标、生态环境与资源指标等三大类量化指标来构建评价体系，以考核和评估成都可持续性城市形态各个方面的情况及综合效应。具体包括20项量化指标[1]，分别涉及经济结构、经济效率、人口结构、生活质量、环境质量与控制、资源条件、基础设施等多方面内容。

综合指标体系由目标层、准则层以及指标层三个层次构成，该类层级结构体系可反映出各个层次之间的关联性[2]。

（1）目标层

目标层即表征城市复合生态系统可持续发展、人与自然和谐的程度。在此目标的指导下，研究成都城市经济、社会、自然生态环境与资源等协调发展的相互关系。需要选择能体现各类的指标体系的代表性指标，计算出各自的加权组合指数，从而在总体上体现城市形态可持续发展的程度。

（2）准则层

该项是设置评价指标的依据和要求，它是指建立在目标层之下的需作出控制的三个下一级目标，即社会指标、经济指标、生态环境与资源指标三个分类，它们是实现城市生态系统可持续、协调发展的目标。

（3）指标层

这是进行具体评价与考核的各准则层目标状态的一系列单项因子。对于这些指标的选择考虑，既要静态反映成都城市形态的发展现状，还要动态体现状态的变化程度。从突出综合性和可行性原则出发，指标层体系可以多选择一些平均值指标或者相对值指标（占比关系），既能实现与其他地区

---

① 参考：陈秉钊. 当代城市规划导论[M]. 北京：中国建筑工业出版社，2003：66；成都市规划设计研究院. 成都市城市空间发展战略研究·专题研究[Z]. 2003；马道明. 城市的理性——生态城市调控[M]. 南京：东南大学出版社，2008.

② 综合指标的三大层级体系的论述主要参考：刘渝琳. 重庆市可持续发展指标体系的设计和评价[J]. 城市环境与城市生态，1999(4)：30-32.

同类指标作相应对比,还能反映出成都城市形态中特有的经济、社会、自然生态与资源三者的关系,体现出经济产业发展和资源环境之间的矛盾,反映人口结构与素质等问题。

3) 指标体系的总体框架

本着"五项构建原则",经过归纳,本章选取 3 个层级、20 个指标构建的城市形态可持续发展的评价体系框架,如图 4-22。当各具体指标项选定以后,还需要对各指标数据进行"无量纲指标"化处理。

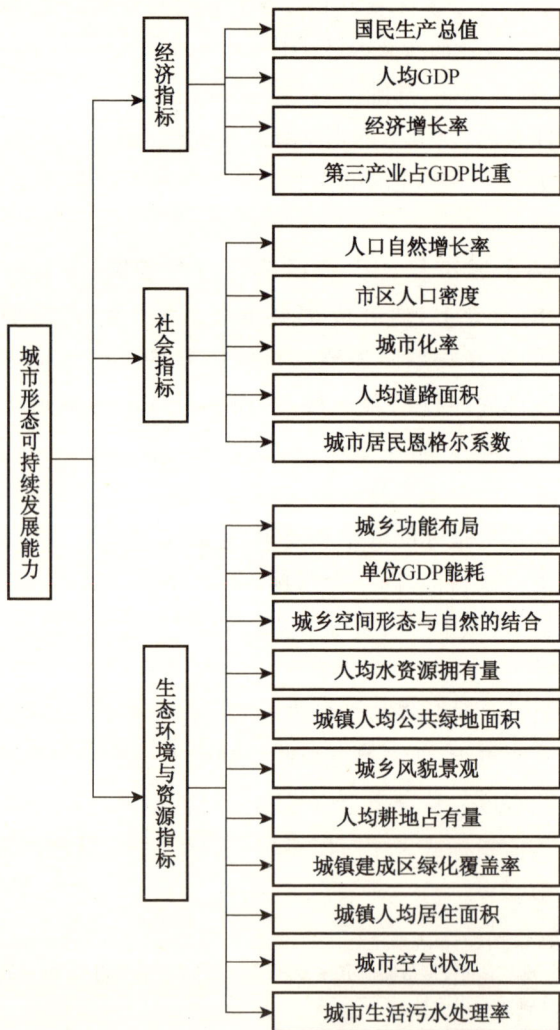

图 4-22 城市形态可持续发展评价体系框架图

4.4.2　指标体系的计算分析

1）指标权重的确定

权重是指评价指标相对于上一评价单元或是整个评价体系的重要程度。综合评价的计算考核,最基本的是确定各个指标相对于上一评价单元的权重。目前,评价指标权重的确定普遍采用的是结合特尔菲法(即"专家咨询法")与层次分析法进行综合分析计算的方法。首先,请若干有相关经验的专家,根据自己的认识,按照 T. L. Saaty 提出的标度值将每一评价层次中的两两指标的重要性进行比较打分,从而得到判断矩阵,判断矩阵的各个元素是根据具体情况,由各专家对相同元素的打分值加权平均或算术平均得出,然后运用层次分析法,通过单一准则下指标计算和一致性检验,分别得出该层次各评价指标在层内的相对权重①。具体计算步骤如下:

(1) 构造判断矩阵 A

聘请若干专家,在每一层次上,对该层中 n 个指标的重要性(比较权重)进行两两比较,按照 T. L. Saaty 提出的 1~9 标度值(表 4-9)定量化,写出各自数值判断矩阵 $A' = [a'_{ij}]$,$(i, j = 1, 2, \cdots, n)$。

表 4-9　标度及其描述②

标度(a_{ij})	定义(比较因素 i 与 j)	标度(a_{ij})	定义(比较因素 i 与 j)
1	因素 i 比 j 同等重要	9	因素 i 比 j 绝对重要
3	因素 i 比 j 稍微重要	2,4,6,8	两相邻判断的中间值
5	因素 i 比 j 较强重要	倒数	因素 i 与 j 的反比较,有:
7	因素 i 比 j 强烈重要		$a_{ji} = 1 / a_{ij}$,$a_{ii} = 1$

(2) 单一准则下指标权重的计算

由于不同专家对同一标度的取值不尽相同,因此判断矩阵 A 的各个标度 a_{ij} 应取各专家取值 a'_{ij} 的"算术平均值"。一个准则下第 i 个指标的权重 w'_i,通常可由判断矩阵 A 的第 i 行各元素的算术平均值求得。本书不采用算术平均法而采用对权重大的指标反应更为灵敏的"根法"来计算③。从而

---

① 黄光宇,陈勇. 生态城市理论与规划设计方法[M]. 北京:科学出版社,2002:71.

② 刘晓琼,刘彦随. 基于 AHP 的生态脆弱区可持续发展评价研究[J]. 干旱区资源与环境,2009,23(5):19-23.

③ http://www. paper. edu. cn 中国科技论文在线.

得到该准则下各指标权重的列向量 $W' = [w_i]_{1 \times n}, (i = 1, 2, \cdots, n)$，其中：

$$w'_i = \sqrt[n]{\prod_{k=1}^{n} a_{ki}} \qquad (k = 1, 2, \cdots, n)$$

对列向量 $W' = [w'_i]_{1 \times n} = [w'_1, w'_2, \cdots, w'_n]^{\mathrm{T}}$ 进行归一化处理，得到相对权重列向量 W，分量 w_i 表示第 i 个指标在上一层某个评价单元中的相对权重：$w_i = w'_i / \sum_{k=1}^{n} w'_k$；$W = [w_i]_{1 \times n} = [w_1, w_2, \cdots, w_n]^{\mathrm{T}}$。

① 先对判断矩阵 A 按行计算该行各列元素的几何平均值：

$$w'_i = \sqrt[n]{\prod_{k=1}^{n} a_{ki}} \qquad (k = 1, 2, \cdots, n)$$

这就构成了一个"列向量" $W' = [w'_i]_{1 \times n} = [w'_1, w'_2, \cdots, w'_n]^{\mathrm{T}}$，$i = 1, 2, \cdots, n$，它表示同属上一层某评价单元的 n 个指标的非归一化相对权重（非归一化时，$\sum_{i=1}^{n} w'_i \neq 1$）。

② 然后，以该列向量 W' 的各分量之和 $\sum_{i=1}^{n} w'_i$ 为基准，对 w' 进行归一化处理后，得到归一化相对权重列向量 W（此时，$\sum_{i=1}^{n} w_i = 1$）：

$$w_i = w'_i / \sum_{k=1}^{n} w'_k \qquad (k = 1, 2, \cdots, n)$$

$$W = [w_i]_{1 \times n} = [w_1, w_2, \cdots, w_n]^{\mathrm{T}} \qquad (i = 1, 2, \cdots, n)$$

其分量 w_i 表示第 i 个指标在上一层某个评价单元中的相对权重。

（3）一致性检验

所谓判断矩阵 A 的"一致性"，就是要求各专家对两两因素重要性的判断不应出现"矛盾"，而应当是"完全一致性"的。具体地说是指：若因素 i 比 k 的重要性标度为 a_{ik}，因素 k 比 j 的重要性标度为 a_{kj}，则因素 i 比 j 的重要性标度应当为 $a_{ij} = a_{ik} a_{kj}$。由此可导出等价性准则：

矩阵 A 的最大特征值 $\lambda_{max} = n$，其余特征值均为零，而且仅当 $\lambda_{max} = n$，而其余特征值均为 0 时，才是"完全一致性"的。

我们对以上各指标的权重计算，都是以判断矩阵 A 为根据的。由于指标相对权重列向量基于专家判断的平均，导致 $a_{ji} = 1/a_{ij}$ 不能严格成立，因

而尚须对判断矩阵 A 进行"一致性"检验,看对"完全一致性"的偏差是否在可接受的范围内,即 $a_{ik}a_{kj}$ 是否足够接近 a_{ij} ,或者说 $\lambda_{\max}$ 与 n 有多大的偏差。

T. L. Saaty 导出了这种偏差的表达式,称为判断矩阵 A 的"一致性指标" CI(Comsistency Index) :

$$CI = \frac{\lambda_{\max} - n}{n - 1}$$ ①

显然,$CI = 0$,表示 $\lambda_{\max} = n$,A 具有"完全一致性"。CI 值越大表示 A 偏离"完全一致性"越远。

但最常用的是以 CI 相对于"平均随机一致性指标" RI(Random Index) 的比值,即 A 的"一致性比例" CR(Comsistency Ratio) 表示:

$$CR = CI/RI$$ ②

其中,对 $1 \sim 9$ 阶正互反矩阵 A 计算 1000 次平均随机一致性指标,所得数值结果,由 T. L. Saaty 给出于表 4-10。

表 4-10   平均随机一致性指标 RI ③

矩阵阶数 n	1	2	3	4	5	6	7	8	9
RI	0	0	0.58	0.90	1.12	1.24	1.32	1.41	1.45

当 $CR < 0.1$ 时,则认为判断矩阵具有满意的一致性,否则必须重建判断矩阵。

此处应当指出:为检验 A 的"一致性",需要先计算判断矩阵 A 的最大特征值 $\lambda_{\max}$,可采用常规算法,n 阶判断矩阵 A 的特征方程 $|A - \lambda I| = 0$ 有 n 个根,λ_1 , λ_2 , $\cdots$, λ_n 。这些根就是 A 的特征值。其中最大的值即为 A 的最大特征值,记为 $\lambda_{\max}$ 。

式中,I 为 n 阶单位矩阵。可以证明:权重列向量 $W = [w_i]_{1 \times n} = [w_1 , w_2 , \cdots , w_n]$ 就是判断矩阵对应于最大特征值 $\lambda_{\max}$ 的特征向量。可以证明:$W = [w_i] = (w_1 , w_2 , \cdots , w_n)^T$ 就是 A 对应于最大特征值 $\lambda_{\max}$ 的特征向量。

---

① T L Saaty. The Analytic Hierarchy Process[M]. New York:McGraw-Hill Inc.,1980.

② 李博,宋亚楠,杨冰冰,等. 沈阳市生态环境质量评价研究[J]. 沈阳师范大学学报(自然科学版),2009,27(3):373-377.

③ T L Saaty. The Analytic Hierarchy Process[M]. New York:McGraw-Hill Inc.,1980.

2) 综合评价分析

通过上述单一准则下指标权重计算法,算出各层指标对上一层控制因素(指标)的相对权重,通过相应的"一致性检验"满意之后,即可进行总目标的综合评价分析。其主要目的是求出各层指标,特别是底层指标对目标层的权重,最终求得目标的综合评价指数。

评价分析方法有多种,但常用以下两种:一种是整体分析法,建立包含各个层次所有指标的权重分析矩阵和整体一致性分析矩阵方程,自上而下,逐层整合指标权重,得到底层指标对目标层的总排序,并逐层进行整体一致性检验,最终求得目标的综合评价结果;第二种是单元综合法,按控制指标分块,直接进行指标计算,整合指标权重,计算评价分值和评价指数,最终获得对目标的综合评价结果。评价体系结构分层不多时,用此法较为简便。

本文对成都市城市形态可持续发展评价采用单元综合法分析。具体方法是:首先确定准则层评价单元的各单因素指标的评价值,将各指标实际值与参考标准进行比较,计算出单因子评价分值,即将各指标实际值与参考标准进行比较,计算出单因子评价分值;然后逐个对评价单元各单因子评价分值分别乘以相应的权重得出相应指标评价指数,再将评价单元内各指标指数相加,则可计算出各单元的评价分值;最后将各单元评价分值与相应单元的权重的乘积相加,即可得出城市形态可持续发展综合指数。具体计算步骤如下:

(1) 计算单因子评价分值[①]

第 i 个评价单元中第 j 个指标的评价分值 P_{ij} 是该指标的实际数据(a_{ij})对应参考标准值(S_{ij})的"归一化处理"结果。当数据越大越好时,作正向归一化:$P_{ij} = a_{ij}/S_{ij}$,当 $a_{ij} \geqslant S_{ij}$ 时,P_{ij} 取1;当数据越小越好时,作逆向归一化:$P_{ij} = S_{ij}/a_{ij}$,当 $a_{ij} \leqslant S_{ij}$ 时,P_{ij} 取1;当 S_{ij} 有最佳范围时,a_{ij} 在范围内,P_{ij} 取1,小于该范围作正向归一化,大于该范围作逆向归一化。

式中, P_{ij} ——第 i 个评价单元中第 j 个指标的评价分值;

a_{ij} ——第 i 个评价单元中第 j 个指标年度数值;

S_{ij} ——第 i 个评价单元中第 j 个指标参考标准值。

(2) 计算单元评价分值

第 i 单元评价分值 ECI_i 是该单元各 P_{ij} 与相应权重 w_{ij} 乘积之和:

① 盛周君,孙世群,倪小东,等.安徽省生态环境质量评价[J].安徽农业科学,2007,35(31):9991-9992,10000.

$$ECI_i = \sum_{j=1}^{n} p_{ij} w_{ij}$$

式中， ECI_i ——第 i 单元评价分值；

  P_{ij} ——第 i 单元第 j 指标的单因子评价分值；

  w_{ij} ——第 i 个评价单元中第 j 个指标的权重。

（3）计算参数形态的综合评价指数

城市形态可持续发展综合评价指数 $CFSI$ 是各单元评价指数 ECI_i 与相应权重 w_i 乘积之和：

$$CFSI = \sum_{i=1}^{n} ECI_i \cdot w_i$$

式中， $CFSI$ ——城市形态可持续发展综合评价指数；

  ECI_i ——第 i 单元的评价指数；

  w_i ——第 i 个评价单元的权重。

3）划分评价等级

根据有关文献[①]，将成都城市形态可持续发展综合评价指数及各单元评价指数分级，如表 4-11。

表 4-11　评价指数等级划分

评价指数	分级				
	Ⅰ	Ⅱ	Ⅲ	Ⅳ	Ⅴ
城市形态可持续发展	0.8~1.0	0.6~0.8	0.4~0.6	0.2~0.4	0~0.2
经济	0.8~1.0	0.6~0.8	0.4~0.6	0.2~0.4	0~0.2
社会	0.8~1.0	0.6~0.8	0.4~0.6	0.2~0.4	0~0.2
生态环境与资源	0.8~1.0	0.6~0.8	0.4~0.6	0.2~0.4	0~0.2

注：Ⅰ、Ⅱ、Ⅲ、Ⅳ、Ⅴ分别代表优良、较好、一般、较差、差。

4.4.3　成都城市形态的可持续发展综合评价

生态的、可持续发展的城市是经济发达、社会繁荣、生态保护三者保持高度和谐的复合生态系统，也是城市可持续发展的理想形态。社会、经济、自然等各子系统之间相互制约、相互补充，共同支持着城市形态的持续、协

[①] 周华荣. 新疆生态环境质量评价指标体系研究[J]. 中国环境科学，2000，20(2)：150-153.

调运行。可持续发展的城市形态并非追求单一子系统的绩效,而应实现综合功能的整体性绩效(王如松,2000)。

1) 成都城市形态可持续发展的系统化运转机制

系统化运转机制是指由系统内各要素间的因果关系连接而成的闭合链。成都城市形态可持续发展系统,由三个相互关联的子系统(社会、经济、生态环境与资源)构成(图4-23)。资源的消耗影响经济发展,经济发展又会引起社会人口增加,并且与经济一同参与对资源的消耗和对生态环境的污染,又会导致环境承载力的下降,反过来对经济和社会发展造成制约,如此循环便形成城市形态发展系统化运转机制。该可持续发展系统的目标是,在保障资源可持续利用、环境容量满足人们生存发展的基础上,使城市经济合理、高效、持续地发展,从而实现城市形态发展的可持续性。

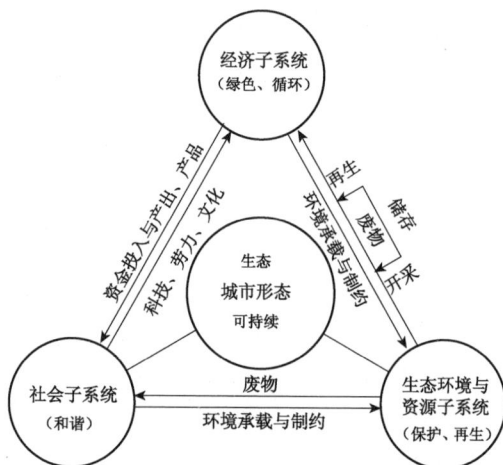

图 4-23 成都城市形态可持续发展的
系统化运转机制

(图片来源:笔者自绘.)

2) 各项可持续发展指标测评

依据前文的步骤进行计算和检验,得出各项可持续发展指标的测评表(表4-12),参照表中的评价指数等级划分,对其中各指标测评结果进行评价。

表 4-12　成都城市形态可持续发展评价指标体系(比较 2001 年与 2011 年)

	指标名称	计算单位	权重	2001 年		2011 年		参考标准
				数值	指数	数值	指数	
经济指标	国民生产总值	亿元	0.25	1 491	0.168 1	6 951	0.090 5	国内先进
	人均 GDP	美元	0.25	1 768	0.088 4	3 934.5	0.196 7	5 000
	经济增长率	%	0.25	13.1	0.25	15.2	0.250 0	国家平均水平
	第三产业占 GDP 比重	%	0.25	45.8	0.229 0	50.1	0.250 0	50
	加权组合指数		1		0.735 5		0.787 2	

指标名称		计算单位	权重	2001 年		2011 年		参考标准
				数值	指数	数值	指数	
社会指标	人口自然增长率	‰	0.15	1.59	0.15	4.5	0.15	5
	市区人口密度	人/km²	0.25	1 376	0.114 6	2 504	0.208 7	3 000
	城市化率	%	0.25	34.8	0.124 3	67	0.239 3	70
	人均道路面积	m²	0.2	6.5	0.086 7	14.98	0.199 7	15
	城市居民恩格尔系数		0.15	37.4	0.048 1	37	0.048 6	12
	加权组合指数		1		0.523 7		0.846 3	
生态环境与资源指标	城乡功能布局		0.11	较合理	0.066 0	较合理	0.066 0	很合理
	单位 GDP 能耗	吨标煤/万元	0.11	0.98	0.056 1	0.648	0.084 9	0.5
	城乡空间形态与自然结合		0.10	较协调	0.060 0	较协调	0.060 0	很协调
	人均水资源拥有量	m³/人	0.10	764	0.038 2	602.	0.030 1	2 000
	城镇人均公共绿地面积	m²/人	0.10	2.8	0.017 5	13.45	0.084 1	16
	城乡风貌景观		0.08	不完整	0.032 0	较完整	0.048 0	很完善
	人均耕地占有量	亩	0.08	0.61	0.061 0	0.36	0.036 0	0.8
	城镇建成区绿化覆盖率	%	0.08	21.9	0.043 8	39.17	0.078 3	40
	城镇人均居住面积	m²/人	0.08	12	0.048 0	30.68	0.08	20
	城市空气状况		0.08	二级	0.054 0	二级	0.054 0	一级
	城市生活污水处理率	%	0.08	49.6	0.044 1	96.7	0.08	90
	加权组合指数		1		0.520 7		0.701 4	

注：① 相关数据来源于《成都市统计年鉴》《成都市国民经济和社会发展统计公报》《成都市环境质量公报等》(2001 年、2011 年数据)；各项"指数"均为计算所得。

② 其中，有几个指标的评估等级分别为：城乡功能布局——不合理(0.4)、较合理(0.6)、合理(0.8)、很合理(1)；城乡形态与自然结合——不协调(0.4)、较协调(0.6)、协调(0.8)、很协调(1)；城乡风貌景观——不完整(0.4)、较完整(0.6)、完善(0.8)、很完善(1)。

可参见：马道明. 城市的理性——生态城市调控[M]. 南京:南京东南大学出版社,2008.

第一,经济可持续发展指标测评。成都市 2011 年经济可持续发展能力的综合指数为 0.787 2,较 2001 年的 0.735 5 有所提高,都呈较好状态;其 4 个分指标中,2001 年和 2011 年的经济增长率指数均为最高(即 0.25),这说明成都的经济发展始终保持良好的状态,表明可持续发展能力较强;同时,第三产业占 GDP 的比重指数也较高(分别为 0.229 0 和 0.250 0),说明它是成都市经济发展的一个重要带动因素。虽然,人均 GDP 净值提高了很多,指数也较 2001 年有成倍的增长,但与若干发达的城市相比仍有差距;2011 年成都的国民生产总值净值较 2001 年有很大的增长,但其对应指数却比 2001 年低,说明成都在全国经济的先进优势有略微下滑。因此,进一步发挥区域优势,继续优化产业结构,增加国民生产总值,仍是成都市经济发展的重要任务。

第二,社会发展指标测评。成都 2011 年社会可持续发展能力的综合指数是 0.846 3,较 2001 年有较大提高,呈较好状态。从分项指标看,2011 年市区人口密度指数、城市化率指数和人均道路面积指数均较高,且后两项指数提高很大。但是,城市居民恩格尔系数始终过高,降低该系数是成都市社会发展最为迫切的任务。

第三,生态环境与资源发展指标测评。成都市 2011 年的生态环境可持续发展与资源可持续利用能力综合指数为 0.701 4,较 2001 年有明显提高,呈较好状态。其中,人均公共绿地面积、城镇建成区绿化覆盖率、城镇人均居住面积、城市生活污水处理率几个指标的指数较 2001 年均有较大提升;城乡风貌景观由 2001 年的不完整提升到了较完善的状态,这说明成都在 2003 年以来推进的城乡一体化发展取得了较好的实践效果。但是,城乡功能布局、城乡空间形态与自然结合这两项指数都呈现一般的状态,有待提高;人均水资源拥有量指数有所下降,人均耕地占有量指数降低尤其明显;城市空气状况的指数仍停留在较低水平。这说明,要促进成都市生态环境可持续发展与资源可持续利用,必须着力解决水资源短缺、空气质量较差等问题,同时注意耕地的保护和城乡功能布局的优化。

3) 城市形态可持续发展综合评价

在可持续发展能力的综合评价体系中,指标年度值数据如果越接近参考标准值,那么实现可持续性城市形态的距离就越小。成都市 2001 年的城市形态可持续发展综合指数仅为 0.586 1,处于一般状态,而 2011 年的综合指数为 0.770 7,有了较明显的提高,呈较好状态(表 4-13)。

2011 年的经济、社会、生态环境与资源三个分目标层中指数都比 2001 年有进步,分别为 0.787 2、0.846 3、0.701 4。其中,社会可持续发展呈优良的状态,经济可持续发展、生态环境可持续发展与资源可持续利用均呈较好状态,但生态发展方面还是最低指数。由此可见,成都市综合可持续发展存在着较明显的不均衡性,生态环境可持续发展与资源可持续利用成为成都市当前最为迫切的任务,必须保障人们赖以生存的资源环境,优化产业结构,以提升成都城市形态可持续发展的综合能力。

表 4-13　成都城市形态可持续发展能力综合评价(比较 2001 年与 2011 年)

指标类型	指标名称	权重	2001 年		2011 年	
			指数	综合指数	指数	综合指数
综合指标指数	经济指标	0.3	0.735 5	0.220 7	0.787 2	0.236 2
	社会指标	0.3	0.523 7	0.157 1	0.846 3	0.253 9
	生态环境与资源指标	0.4	0.520 7	0.208 3	0.701 4	0.280 6
	综合指数	1		0.586 1		0.770 7

5 城市形态可持续发展目标

对城市形态可持续发展的目标确定,可以直接影响到城市形态的总体格局及未来拓展方向。由前面第3章对城市形态演变进程的研究可得出,城市形态演化的本质是适应不断更新的城市功能与社会经济背景。由于功能与形态之间的"互动",城市形态也会同步演化和发展。城市功能通常通过城市规模、土地利用、经济结构等方面直接影响城市形态的演变。不同的城市功能,必然体现为各异的城市形态。所以,为了把握好城市形态的未来发展,探讨城市功能的历史演进,了解其发展变化的曲折历程,是很有必要的。下面以成都市为例进行具体分析。

5.1 成都城市功能的历史与现状

5.1.1 城市功能的历史演进

纵览成都城市功能的历史演变过程,经历了自秦汉、隋唐时代的全国的经济中心城市(图5-1),到成为宋朝的地区性经济中心城市,再由近代四川西部地区的经济中心发展至目前整个西部地区重要的核心城市。成都的城市功能演变从总体上历经了由简单、单一至复杂、多元的起伏兴衰的过程(表5-1)。当前成都的城市功能是由于历史长期的持续叠加、积淀和不断优化而形成的,客观地掌握此规律,对于建构未来合理的成都城市形态模型,意义重大。

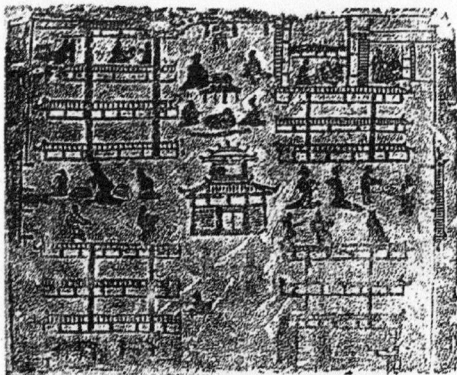

图 5-1 汉代成都"市肆"画像砖

(图片来源:应金华,樊丙庚.四川历史文化名城[M].成都:四川人民出版社,2000:20.)

表 5-1　成都城市功能的演进及其特征

城市功能	时　代	功能特征
手工业商业大都会	商代—秦汉时期	成都古典城市的第一个鼎盛时期； 手工业、商业发达，成为地区间的工农业产品集散地与西南地区的贸易枢纽； 从地方性经济中心发展为西南乃至全国性的经济中心
全国第二大商业城市	五代—宋代	东南地区的城市崛起，成都经济地位下降，变为地方性经济中心城市； 宋代后商业再次繁荣，商业经济地位仅次于杭州
衰落的工商业城市	元明清时期	受战乱影响，经济受重挫，未能进入全国八大商业城市之列； 鸦片战争前后，经济优势逐渐消失，重庆逐步取代成都而成为四川近代商品经济中心
传统消费型城市	民国时期	工业化起步晚、发展慢，传统商业中心的地位大为削弱； 仍为川西经济中心，是以商业、金融、行政为主体的传统消费城市
工业型城市	新中国成立	"一五"时期，列为全国工业化建设城市之一，发展方向是以精密仪器、机械制造以及轻工业为主； 大批新兴工业兴起，城市性质逐渐由商业消费城市向工业型城市转变
综合型特大中心城市	1990 年代后	1993 年，国务院根据 1984 年对成都城市总体规划的批复，要求成都充分发挥作为西南地区的科技、金融中心以及交通通信枢纽的作用； 1999 年，城市性质由国务院确定为：四川省省会，全省政治、经济、文化中心，西南地区的科技、金融、商贸中心和交通、通信枢纽（"三中心、两枢纽"），重要的旅游中心城市和国家级历史文化名城

（表格来源：参考成都市规划设计研究院.成都市城市空间发展战略研究·专题研究[Z].2003 等资料综合整理后绘制）

5.1.2 城市功能现状分析

随着改革开放以来的飞速发展,成都已逐渐发展为一个综合开放、辐射力强的特大中心城市。其城市功能可概括地阐述为:西南地区的科技中心、金融中心、商贸中心和交通、通信枢纽(即表5-1中所列出的"三中心、两枢纽"),以及重要的旅游中心城市和国家级历史文化名城。以下是对成都城市功能现状的描述[①]:

(1) 四川省政治、经济与文化中心

作为省会城市,2014年,成都市GDP(国内生产总值)为10 056.6亿元,四川省GDP总量为28 536亿元,成都市GDP占四川省总量比例为35.2%。产业结构已从1978年的31.8:47.2:21调整为2014年的3.7:45.3:51.0,产业结构基本完成了从"123"到"321"的重要转变,形成了较合理的产业结构。但是,作为经济中心,但成都的总体经济实力还有欠缺,产业结构优势依然不突出;虽然经济总量较高,但经济外向性还不够强;经济发展依靠传统主导产业较多,新兴产业还需进一步发展。

(2) 西南地区科教中心

成都市文教科研事业水平较高。2014年成都市有科技活动的单位107个,科技人员12 956人,普通高校56所,在校学生72万人,居西南之首。其中,生物工程、光电技术、电子信息等学科领域的专业能力在国内位居前列,部分学科专业还具备国际上的影响力。但是,成都的科学技术发展水平与当今国内外先进城市比较还有一定的距离,具有经济规模较小、投资缺乏、科研硬件较为陈旧等问题。

(3) 西南地区商贸中心

改革开放30年来,成都已逐渐发展成为西南地区重要的商贸中心。当前其商贸集聚作用还在加大,大型的交易-流通-市场的商贸结构初步建立。2014年,成都市社会消费品零售总值为4 468.9亿元,比上年增长12%。

从区域空间层面分析,成都位于沿海与长江"T"字形结构的国土开发主轴上。但因为受到长期的区域经济条件及历史的作用,商业网点大量集中于城市核心区,而目前多中心的商业空间结构又尚未建立,因此,商贸流

---

① 部分参考:成都市规划设计研究院. 成都市城市空间发展战略研究·专题研究[Z]. 2003.

通产业对于区域经济的带动作用还须加强。另外,中心城区还没有建构起成熟的中央商务区(CBD),商业格局与业态结构尚不完善。

(4) 西南地区重要的金融中心

2014 年末,成都市各类金融机构总计有 560 个,其中银行类金融机构 60 家,其存款结余为 26 798 亿元,比上年末增长 13.3%,金融业继续保持着较好的发展势头。无疑,成都已渐成为西南地区重要的金融中心。然而,与国内其他特大城市相比,由于缺乏较强的 CBD,成都的城市现代服务功能发挥受到限制,影响到在区域内的辐射作用。

(5) 西南地区重要的交通、通信枢纽

以航空、铁路、公路为主体的成都交通网络体系基本形成。除了 4 条铁路干线的汇合,南昆铁路的建设还使成都具备了运输出海的条件。

(6) 国家级历史文化名城、重要的旅游中心城市

作为全国首批历史文化名城,成都积淀了深厚的历史底蕴与独特的人文、自然资源。但相对于国内其他历史文化名城,成都的文化产业的规模经济占经济总量的比重偏少。成都的旅游资源很优越,现已发展为我国重要的旅游城市。近年来,成都旅游经济效应不断增长,2014 年全市旅游总收入达到 1 663.37 亿元,比上年增长 25.01%。不过,旅游产业的发展体制还有待完善和创新;旅游产业的空间布局有待继续优化调整[①]。当然,这些也恰恰说明成都具备较大的发展空间。

5.2　成都城市形态发展面临的新形势

当前,国内外经济、社会发展的新形势,对成都城市形态的可持续发展提出了新的要求。随着经济现代化、信息化、全球化的快速发展,以及高新技术的突飞猛进,成都城市形态的发展正处于快速扩张阶段。在新形势下,城市的未来形态发展面临新的机遇与挑战。

(1) 经济全球化背景

经济全球化将促进全球范围内劳动地域分工的重新划分和全球城市体系的重构,衍生出国际性的区域发展走廊,将国际经济组织为集生产、消费

---

① 马兰. 成都 2015 年旅游工作目标:实现总收入 1 930 亿元[EB/OL]. http://news.cheng-du. cn/content/2015—03/04/content_1737825. htm? node=1760.

于一体的综合实体。有学者指出,由于产业在空间上的分散特征使通常的"区位优势模式"发生了变化,全球城市均面对不同以往的发展新形势。这使从业于第三产业的各类工作人员在发展规模上得以持续扩大,导致市中心的住房供应紧张,当然也促进了对中心城第三产业的结构的调整。当前,全球经济增长的主要动力不断往亚洲转移,而中国将成为国际新增长极。

世界经济的全球化为成都城市形态的可持续发展提供了良好的外部条件,这是成都市迈向国际化大都市的契机。2007年,继深圳、上海浦东以及天津滨海之后,国家批准成都与重庆设立"全国统筹城乡综合配套改革试验区",这是中央以"成渝经济圈"建设推动中西部地区快速发展的重要战略部署,也使成都面临新形势下的产业重组与区域要素的整合。八年来,在积极探索以城带乡、协调发展的有效途径中,逐步走向城乡互动、共同发展繁荣的新局面。在此机遇下,成都必须依靠平原经济区所带来的优势与世界经济密切地结合。

(2)信息化浪潮

信息技术已在城市形态演变中拥有举足轻重的地位,它促进了信息化时代的来临。当前的信息革命的确令世界经济活动摆脱了许多束缚。一些城市在确立了"网络节点"的经济地位以后,逐渐发展为世界范围的经济中心城市——"世界城市"。信息化潮流给人类的工作与生活方式带来了极大的冲击。无疑,智能化、网络型、虚拟性等因素正在推动着成都城市形态的快速演变。

(3)"第四产业"发展

信息时代背景下,城市功能也同步由"经济中心"向着"信息文化中心"演化,作为"第四产业"的知识型产业,必然会在城市的产业结构体系中拥有更重要的"席位",目前已成为全球经济最为活跃的发展领域。它主要是提供科技知识,以及信息技术的生产、传递、加工处理等服务。

随着社会的发展,产业结构的适应性调整也将对成都城市形态的发展带来历史性机遇。从全球范围看,由于环保压力,许多发达国家将其加工制造业大量转移至中国等发展中国家,自己则致力于高技术知识产业("第四产业")的发展,城市呈现出"非工业化"的发展倾向,许多会导致环境污染的工业设施受到严格的限制或被取消,并改为公园、生态园地、展览馆等,市民可在此活动。然而,这种现象却给中国等发展中国家带来了许多负面影响,最重要的是环保问题。所以,从某种程度上可以说,发达国家的环保先进与低能耗,是建立在对发展中国家资源的消耗与环境的污染上。

从国内范围看,各城市的城市形态呈现着不同程度的演化,东部沿海地区较先进的能源消耗型工业以及资源、劳动类的密集型产业将向着西部转移。成都今后在产业结构的调整上必须注意选择过滤,应坚持继续以发展高新技术产业为主的方向。如今,高新技术产业和知识园区建设正在成为成都新的城市发展模式,并推动着产业空间布局由中心城区向外围转移,推动城市形态的持续发展。成都许多高校也纷纷在中心城外建立各自的新校区,这是人才资源、智力资源、科技资源向城市外围的扩散。这也会吸引和推动产业资源向外围不断扩散,从而对外围空间形态产生影响,带动其发展。如何有效把握产业结构调整的机会,对成都城市形态的良性发展十分重要。

（4）城市竞争加剧

随着全球城市竞争的加剧,城市区域化发展成为重要趋势。当前,在中国西部大开发战略进一步深入实施的新形势下,成都正面临着区域竞争加剧的严峻局面,这需要放眼于更广阔的区域范围来思考成都城市形态未来的走向。从西部地区的现实状况来看,重点战略区位一般是拥有资源优势、经济较发达的中心城市和地区。而目前西部仍缺乏能在经济技术、产业结构层次、文化教育等方面影响覆盖西部全域的城市。从这些方面看,成都与西部其他两个中心城市重庆、西安仍属于相同层次。然而,成都平原的区位条件和环境资源条件有相对优势,且城市化水平也较高,所以从此角度看,成都具有较强的区域竞争力。因此,成都应进一步增强作为西部战略高地的综合竞争力,成为辐射、影响整个西部发展的"领头羊"。

（5）对城市生态、文化、美学的空前重视

当代的城市大发展,对地球资源已造成过度的开采与利用,导致了严重的城市生态环境问题。在经济的迅猛发展过程中,成都城市形态不断外延扩张,土地资源缩减迅速、水土流失严重,生态环境资源遭受连续的破坏,这给成都城市形态的可持续发展提出了严峻的挑战,如何改善经济高速增长与生态条件限制的矛盾问题,是成都面临的现实问题。

伴随世界各国、各区域以及城市间竞争的日益激烈,立足于文化层面关注城市的发展观正逐渐被广泛重视,甚至,还被一些学者看做是当代社会的"第一竞争力",同时指出,文化将决定城市未来发展的成败。未来,成都城市的可持续发展应更加注重文化建设,增强城市人文气息,提升城市文明水平,它会转化为促进社会和谐、提高社会生产力和城市竞争力的物质力量。

在文化建设中,成都在推进现代文化建设的同时,还要高度重视本土历史文化,在这方面过去尚有不足之处。1980年代以来,由于成都超强度的城市开发与改造,致使古城风貌损毁严重,极大影响了对历史空间形态和肌理的整体性保护。如今,成都古蜀文化与蜀都风貌的特色已经留存甚少。在全球一体化进程中,成都更要注重地域历史文化的发掘与建设,造就成都的新地域文化形象。

城市景观既包含实体景观,也蕴含了人文精神,这种精神展现了人类文明及其发展的深层动力,它是人们思想与行为模式的抽象结合体。过去,工业化带来的是机械性、遭受污染的、不和谐的城市大环境,关注人性需求的城市美学思想往往由于城市对经济和功能的过分强调而被忽略。而现今世界先进的城市形态理念,均把城市的美学建构纳入其中,宗旨是维护和重构城市自然美的景观,使城市风貌呈现人工美与自然美的结合,这是满足当代人对城市环境的生理与心理的高级需求。这种趋势也给成都城市形态的持续发展提出了更新更高的要求。

(6)城市化与郊区化发展新动态

无可置疑,城市化战略的实施极大地影响着城市形态的演变,空间规模不断增长,为城市发展带来新的机会。目前,成都已经出现郊区化倾向,往中心城周围的拓展作用力在日趋增强,扩散现象日趋明显,中心城区周边的各区县如双流华阳、温江、龙泉等的建设力度不断加大。尽管如此,从区域的角度看,"集聚"仍然是当前最主要的空间经济现象。今后,成都将采用怎样合理模式的发展,这正是引导城市形态重构的契机[①]。

总之,城市形态的持续性发展与生态环境的建设、文化建设和城市美学塑造息息相关,这已成为人们的共识。在新世纪,成都城市形态发展,必然将在经济社会快速发展的同时,也在生态、文化、美学等多方面取得显著进展。

5.3　成都城市功能定位与城市形态发展目标

进入21世纪,城市发展越来越重视对新的科学技术的应用,同时也更强调对人们赖以生存的自然环境的保护与延续,以创造真正意义上的"生态城市""和谐城市"。当前,成都城市的高效增长趋势还会维持较长的时间,

---

① 参看:成都市规划设计研究院.成都市城市空间发展战略研究·专题研究[Z].2003.

我们不能效仿部分西方发达国家为了自身的持续发展而牺牲其他区域环境的做法来谋求发展。

成都城市形态可持续发展正经历着由理论到实践的初步过程。锦江改造工程的经验,让市民认识了城市生态环境持续发展的重要作用;而《成都 21 世纪议程》作为成都可持续发展的重要纲领,也在人居环境综合治理、城乡统筹发展的建设中不断落实。如今,正是调整发展思路,引导城市形态往既有目标前进的良好时机,必须在考虑城市发展的环境生态、社会和谐以及交通、居住、投资机会等因素的基础上,合理确立成都城市形态的可持续发展目标。

5.3.1 成都城市发展的功能定位

当今城市发展的新形势,西部大开发战略以及"全国统筹城乡综合配套改革实验区"的确立等,给成都城市的发展提出了新的要求,为城市形态持续发展的目标定位提出了思考。2007 年,成都提出了建设生态城市的目标,按照初步规划,到 2020 年生态建设远期阶段完成时,成都将成为中国西部最具活力的可持续发展的生态城市;2008 年,成都又提出"三中心、两枢纽、四基地"①的建设目标;2009 年末,成都创建"世界现代田园城市"的发展战略思想与理念被提出。2014 年,强调新型城镇化建设,改善人居环境。这几次的城市定位及发展目标都体现出成都对可持续发展观认识的步步深化以及对其精髓的高度简洁的提炼,对于城市未来的城市形态发展将发挥至关重要的指导和推动作用。

新世纪,成都城市形态要合理地持续发展,就必须优化提升城市功能,这样才能最终实现人居环境可持续发展的目标。由此,根据成都市发展战略目标,提出以下关于成都城市形态发展的功能定位:

(1)空间层面目标

不仅是四川省的省会与政治、经济、文化中心,而且要成为长江上游经济带两级之一,成为"成渝经济带""成都平原经济区"的"核心节点"(核心城市),成为"西部硅谷"和西部"交通枢纽"。

(2)经济层面目标

在大力发展金融、商贸、旅游产业,建设西南地区金融、商贸中心和国家

---

① 即:西部的物流与商贸中心、金融中心、科技中心;交通枢纽、通信枢纽;中国重要的高新技术产业基地、现代制造业基地、现代服务业基地与现代农业基地。具体参见:唐春. 新型城镇化,宜居放首位[EB/OL]. http://news. ifeng. com/gundong/detail_2013_08/16/28688118_0. shtml.

级旅游城市的同时,必须实施城市经济与区域经济相结合的战略,打破城乡对立、区域分割、地方保护主义等束缚,大力推进城市带(群)和区域合作,优化城市的市场环境,构建有层次、结构清晰的产业结构和合理的产业空间分布格局,实现城市与区域的"双赢"发展,使成都成为高度城市化的、经济高度发展的西部领头的增长极和辐射源。

特别注意的是,在当今知识经济时代,产业结构由传统产业向高新技术产业发展、城市由生产型向服务型发展已成为时代潮流。因此,成都必须加快产业结构调整和转型,不断改善和充分利用成都的优势环境,大力吸纳国内外高新技术产业向城市集聚,大力发展科学技术事业,加强科学研究、科技开发和高新技术产业的发展,成为西部科技中心;同时,要进一步发展服务型产业、交通运输业,特别是信息产业(有人称为"第四产业"),为城市和区域发展,提供高层次、综合性、国际化的信息流、物流的网络化服务。这种经济、产业、科技、服务功能的新要求,必然导致城市总体功能发生转变,逐渐扬弃原有的与城市功能不适应的城市形态。

(3) 文化层面目标

在建设全国重要的历史文化名城、西部地区文化中心的过程中,必须体现成都的人文资源(蜀汉文化)特点,实现传统与现代文化和谐共生、有机结合。

成都拥有多处有重要历史、文化、艺术和科学价值的文化遗址和文物古迹,这些都使得成都城市形态具有历史延续性,并可不断地发展扩延。因此,保护成都的城市文化特色与拓展城市规模、发展城市经济是同等的重要。

(4) 环境层面目标

创建全国的生态田园示范城。保护和利用成都良好的自然生态条件,充分挖掘川西独具特色的自然景观,构筑人-自然-社会-经济的和谐共生的有机体系,建立可持续发展的城市生态系统。

5.3.2 成都城市形态的生态可持续发展目标

21世纪的城市应是可持续发展的城市,在当今经济全球化的大趋势下,建设可持续发展的生态和谐的城市,必然成为成都发展的新目标。我们应该因地制宜地确立可行的目标与规划途径。荷夫(Hough M.,1984)曾在《城市形态及其自然过程》中指出,是自然决定了特定的城市形态,人们应认真考察当前城市形态的形成条件,站在生态之角度去发掘城市生活的内在特性。显然,城市形态可持续发展已成为成都解决各种"城市病",实现良性发展的必然道路。

如前所述,成都水资源丰富,拥有极其优越的生态条件。城外青城、龙泉等连绵的山脉构成了城市外围生态屏障,城内环绕的府南河形成城市规划区的自然水系格局。然而,当今城市发展和生态环境的矛盾日益尖锐,成都的自然生态系统已遭受了一定程度的破坏,虽然城市绿化方面近年来有所改善,但其他方面的生态状况依然不容乐观,生态承载力脆弱,因而会阻碍城市形态的健康发展。根据当前成都的生态环境与资源状况及其面临的挑战,在对成都的生态可持续发展进行量化的综合评价基础上,提出成都城市形态可持续发展的目标与方向——将生态设计理念应用于成都城市形态的规划发展,创建具有川西自然景观特色的生态田园绿都。

新形势背景下,城市的发展将更注重生态环境的保护。生态田园绿都是人与自然和谐、社会与经济相协调发展的具有综合性、动态性、生态自调性的复合城市系统。目的是保护和重塑具有川西地域特色的自然山水格局、恬静优美的农田与林盘景观,实现自然、农业、工业与人居环境的有机统一与可持续发展。

6 基于生态准则的未来城市形态发展对策

6.1 城市形态的生态构建思路

6.1.1 构建原则

2000 年的《成都宣言》①指出了制定城市可持续发展战略的重要性,它是城市发展的先决条件。其目的是解决融社会-经济-环境于一体的城市巨系统在运行中产生的系列问题。在当代新的国际环境背景下,生产与生活方式的转型等都使得城市问题极其复杂,对于城市形态发展的探索也越来越深入,并呈现多元化局面。后工业时代,应该说任何一种形态的城市都无法完全满足可持续发展的要求,但无论选择何种发展模式,成都城市形态的可持续发展都应遵循以下的生态构建原则:

(1) 持续与生长原则

应适应城市空间增长,保持城市传统肌理的连续性;保护自然生态,节约土地、水资源和其他一切资源,能耗最低化、效益最大化;实现城市功能、规模、环境、资源、经济和社会文化的可持续性。

(2) 系统与弹性原则

应兼顾社会、经济、生态环境与资源三者的整体利益,使之构成高效循环运转的城市复合系统,系统内各层次子系统保持有序性、协调性和有机整体性;城市形态应具备一定的弹性与灵活性,即动态调节的能力,可以通过对城市的适当调整而及时适应城市经济、社会以及环境的变化。

(3) 高效与多样原则

合理高效地配置资源,物质与能量被多层次的有效利用,废弃物可循环再生;高效集约发展,土地功能混合利用;形态发展利于生物物种的多样性

---

① 在"21 世纪城市建设与环境成都国际大会"上提出,参见:刘新华."二十一世纪城市建设与环境成都国际大会"通过的《成都宣言》提出城市发展方略[N]. 中华建筑报,2000-10-24:009 版.

的保持。

（4）和谐与人本原则

社会、文化与环境和谐共生，各行业、各部门协调发展；应"以人为本"，提倡互助，代内、代际公平富有活力与人性化，地域文化特点突出。

6.1.2　模式选择思路

从前面第4章对典型城市形态模式及其可持续性的分析可看出，城市形态模式类别多样，各有利弊，关键是要根据城市自身的基础支撑条件、特点、发展趋势与潜力，来确定适应城市持续发展的模式选择。

前面第4章"成都城市形态发展的生态可持续性分析"的评价结果是："经济可持续发展呈优良状态，社会可持续利用、生态环境与资源可持续利用均呈较好状态"，表明成都发展基础良好。根据第5章面临的新形势和可持续发展目标，成都面临良好的发展机遇，有条件、有可能也必须以更快的步伐沿着可持续发展的健康道路前进。但是，也面临一些严峻的挑战，其中一个很重要的问题就是成都城市形态发展问题。

"可持续分析"中已指明，成都中心城区的现状空间格局呈典型的"摊大饼""单中心城市形态模式"。自20世纪90年代以来，随着成都经济的发展，人口的增多，以及进行的一系列的大规模城市建设，城市地域范围不断扩大。当前，成都中心城区的人口400万以上。由于圈层式的形态发展给成都中心城区带来了重负，城市交通与环境状况已十分恶劣。虽然也采取了"环形绿带"，开始发展"卫星城"等措施，但依然未能有效遏制中心城区继续"摊大饼"的扩张势头。

成都未来的城市形态模式，如何正确地选择，使之在现状模式之上取得符合可持续发展原则的成功的优化性发展？根据前几章的相关理论，特别是借鉴新型城市形态发展的相关理论，结合发展现状及发展基础，提出以下"模式选择"思路："集中式分散：轴向发展"和"多核心构建：组团模式"。

（1）集中式分散：轴向拓展

借鉴丁成日（2005）的研究以及前面分析的"聚落模式理论"等，本章认为成都可在现有形态的基础上，最合理地"摊大饼"，这是一种对原有形态进行调整优化的方式。但此方式不同于传统意义上的圈层蔓延，而是以原有中心城为核心非均匀地沿城市主要发展走廊进行轴向拓展，集中式分散。国际上的实践案例（如哥本哈根1960年的指型发展规划等）已表明了对传统"大饼模式"进行改良发展的合理性。在新的指型模式下,就业和居住的均衡是以交通轴来实现区域平衡的。

(2) 多核心构建:组团模式

近三四十年来,美国等发达国家的城市产生了一种新形态模式即边缘城市(Edge City),它作为主城周边地带的经济实体,与主城 CBD 的经济联系性很强,其实质是从单中心向多核心的城市结构演变。借鉴此思路以及之前分析的多核心结构理论,认为成都可以发展在中心城区周边建设城市组团的模式。事实上,成都市近些年来的城市发展指导思想和建设实践已经往这个方向迈开了步伐。值得注意的是,如果对组团间禁止开发的非建设用地没有有效的控制,那么,也很难遏制住城市进一步"摊大饼"的无限扩张趋势。

无可置疑,构建适宜的城市形态,是一项庞大的系统工程,需从城市形态形成的诸多要素、内在机制及规律性出发,对各部分进行协调统一和良性的发展引导。当然,正如《成都城市发展报告》中提到的,对于城市形态的发展不应是控制,而是要合理引导以及科学规划城市的空间格局,从而推动城市形态的可持续发展。

6.2 城市形态可持续发展的成都战略

根据以上城市形态的生态建构思路分析,本研究拟采用科学合理的分析方法,提出合理可行的发展战略,以促进成都城市形态的可持续发展,优化其功能和结构,实现经济、社会、环境与资源的高度和谐统一。

6.2.1 绿色模式战略

有研究者根据成都的地貌差异以及人们活动行为的影响差异,划分出了层级性的景观生态单元(图 6-1)。即龙门山-邛崃山山地景观生态区、龙泉山低山丘陵景观生态区和成都平原景观生态区三大分区,下面再各设次级分区。从图中看,自然山系所在的两带生态敏感度应是最高的,因此应禁止开发建设,以维持良好的生态屏障作用;而成都平原上的平坝生态农业与台地观光生态农业两个次级景观生态区,生态敏感度也较高,应在控制的基础上进行适当的引导建设;都市核心景观生态区则可优先发展,而且也可看出该区域的南北发展倾向。

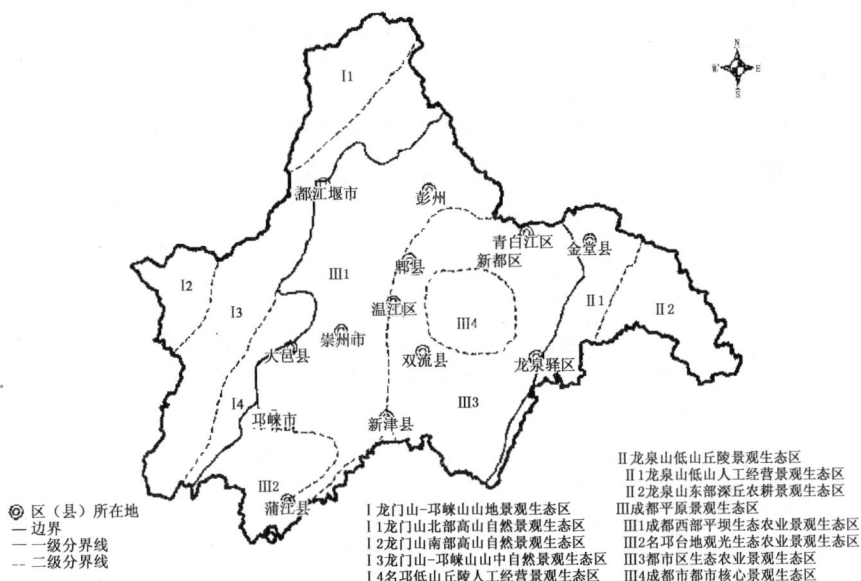

图 6-1 成都的景观生态分区

(图片来源:冯文兰.成都市景观格局分析与景观生态规划[D].成都:四川大学,2004:35.)

当前,"人地和谐"的生态城市已成为 21 世纪城市发展的新方向,因而成都城市形态的可持续发展,应根植于历史形成的自然山水文化体系,从区域生态环境角度出发,结合山脉河流状况以及气候气象规律等,在大范围内构筑具有地域特色的山水景观城市格局。

这个战略思想所表达的实际上是体现了最大限度降低对城市生态环境的破坏性,有效维护绿色人居环境的理想。这是城市形态可持续发展的一个重要目标,也是一个长期持续的过程。具体可以生态支持系统为基础,建立绿色模式战略:

(1) 充分利用自然条件,对园林绿地系统进行建设与完善;

(2) 对农田、水域、自然生态保护区等环境敏感地带进行保护,对其土地利用要特别慎重,并运用遥感等技术进行监测;

(3) 对闲置废弃地或被污染的土地等进行生态恢复,使其效应变负为正。

城市形态的生态发展规划,应注重创建技术与自然充分融合的最优化社会活动环境,以实现城市和生态环境的高度协调,形成城区、郊区与乡村一体化的复合生态系统。不仅如此,还应站在更高的层面(即全球生态系统)上去思考城市形态的可持续性,构建一个具备自我循环与自我调节能力的生态化系统。

表 6-1 是从多方面对绿色策略与传统策略进行的大致比较,可看出绿色策略的优势所在,应注意要对低能耗与污染、尊重自然的实施方式、参与性等分项内容得以具体的贯彻实施。

表 6-1　绿色策略与传统策略的比较

比较内容	绿色策略	传统策略
能耗与污染	利用可再生资源,使污染最小化,废弃物可循环利用	资源消耗,多依赖不可再生资源
生态与经济	二者能兼容,具备长远性,绿色经济	二者是相对的,具备短视性,黑色经济
消费模式	可维修、可租赁、可共享	高消费、高生产、高排放
目标	实现人居环境的可持续性	物质主义,经济利益最大化
实施方式	设计尊重自然,弹性实施	设计高于自然,刚性实施
参与性	公众参与	缺乏与公众交流

(表格来源:笔者根据相关文献整理绘制.)

6.2.2　集约发展战略

成都与特大城市北京的形态模式和发展历程非常相似,都属于"摊大饼"模式,因此两个城市的发展模式具有一定的可比性。学者丁日成对北京市未来的土地利用模式设定了三种空间布局方式,并对其进行了模拟分析与评估,结论是:集约式发展相对于扩张式和发散式发展更具优势。主要体现在:由劳力市场的整合性、高聚集度而呈现出城市经济效率;公共交通优先发展,高效节能;就业与住宅平衡;城市发展对土地占用率最低等。

因此,借鉴以上观点以及前文分析的紧凑发展模式等思想,本书认为采用基于资源限制的"高而密"城市形态构建——集约发展战略,对于成都城市形态的可持续发展非常有效。

(1) 城市—城镇—农村三级集约化发展

可实行城、镇与农村的建设分级的紧凑发展策略,在较小规模范围内建设集约高质的城市。城市和城镇采用高强度、疏密有致的集约化发展模式,即紧凑型的发展,以避免城市继续圈层式地蔓延。通过采用集约的发展,使城市、城镇乃至农村的物质设施更为集中；与此同时，又可根据城市发展的实际需要、选择合理的方向，进行适度的分散，并且把握好适宜的人口规模与聚集度。对于农村，则采用通过土地整理的方式实现相对集中的紧凑、节地型发展。但是发展中要注意，尽量尊重农民惯有的生活生产方式，同时保护好成都"川西林盘"的生态格局。

（2）土地混合高效利用

依据生态学原理中的生物多样性原则，确立成都城市土地的混合开发模式，提高土地利用效率，以实现城市形态的多功能复合化发展。这是一项积极的可持续发展举措。

① 城市功能复合生长。由于在现代城市建设中，单一式土地利用的现状模式已出现许多诸如缺乏活力、资源低效利用等问题。因此，有必要采取将就业、居住、户外活动和交通等城市功能混合布局的策略，实现就近出行，使多种类型的土地利用相邻近。功能的混合必然带来城区空间的竖向发展。这种高效可节约时间，减低交通消耗，但应注意不要损害城市中有保留价值的生活模式与邻里关系。尤其对于成都中心城区而言，建筑密集、服务设施集中，未来更应向高密复合、立体紧凑发展，使中心城区实现合理的集约，并释放出一些开敞空间，以改善城区空间环境质量。

② 加强核心建设、调整用地结构。各级城镇、组团在功能集约化发展的同时，加强各自核心的建设，以避免出现"空心化"[①]，活力不足。城市周边组团的土地利用大多较松散、多功能混合度低。应在此基础上充分考察城市用地结构的合理性并进行适当调整，增强交通联通度，以适应城市集约发展。

③ 合理利用地下空间。城市地下空间的开发可谓是对土地的创新性使用，这既能提高土地利用效率，构成对地上空间的功能补充，同时可与地面交通相结合形成竖向的立体化综合交通，而且这种开发方式的运营投资费用和能耗均较低。对地下空间进行的合理性开发，将有利于城市形态的高效集约发展，但是对此模式的充分利用必须建立在整体统一的规划之下。

④ 现代城市综合体建设。这是集多种功能于一体的城市大型综合开发项目，近年来在全国各地兴起了建设的高潮。它包含着城市与街区不同尺度下的土地功能混合（高混合度）开发的思想。目前，成都已建成多个城市综合体项目如万达广场、龙湖天街等。当然，特别要注意的是新建城市综

---

① 参考:成都市规划管理局."世界现代田园城市"规划纲要[Z]. 2010.

合体选址若是在主要交通旁，且机动车出入口离路口近，则又会带来新的交通阻塞问题，需进一步改良。

另外，集约发展战略思想还体现在产业的高密度发展与发展公共交通方面。前者主要可在产业布局、建设及形成产业集群方面实现集聚效应，从而方便生产就业，构建高效的城市经济走廊。后者则需要通过降低城市居民对小汽车的依赖，改善城市基础设施以及提高各类资源的使用效率等途径来逐步实现。

总之，减少交通往返，功能混合，土地利用集约化以及城市多样化等，构成了城市形态持续性发展的"核心理念"（仇保兴，2006）。集约之下除了建立完善多样的城市功能，还要保障舒适的生活环境。另外，该战略的提出也反映了城市"精明增长"的思想，限制扩张，以实现节地、节能、节水的可持续发展目标。

6.2.3　区域发展战略

城市并非孤立存在的，应站在区域的角度看待城市形态的可持续发展。从某种意义上讲，城市的形态特征及功能性会影响到区域发展的方向，与此相应，区域特征也关系着城市形态的发展方向，它们之间密切关联。20世纪90年代以来，世界经济全球化和城市的国际化、区域化发展已成为世界发展的趋势。因此，成都城市形态的发展战略之一，即是建立走向区域组合的城市。

（1）建设成渝城市群（成渝经济区）

十六届三中全会上提出的"新的成渝经济区"，重新站在区域平台上将成渝城市群定位为西部开发的战略高地。国内一些先进地区已经形成或正在形成区域合作的关系，如长三角、珠三角、环渤海港城市群等，而西部则有成渝城市群作为区域发展的发动机。

由成都经济区与重庆市共同构筑的成渝经济区，在中西部地区有重要的战略地位，区位优势明显，可辐射整个西南乃至西部地区，成为国内重要的增长极（图6-2，图6-3）。成都与重庆的空间距离短，仅约300 km左右，它们形成的成渝经济区是西部人口中最密集、产业最为集中、城镇分布最稠密的区域，其中，成都平原的城市密度就约为2.4个/万 km²[①]。但是，目前

---

① 戴宾. 成渝经济区：成都、重庆共同发展的历史契机[J]. 学术动态（成都），2004(1)：1-3.

经济区内大多为中小城市,缺乏大城市。也由此出现了一些相应的发展观,如成渝经济带之间应形成35个城市构成的城市群合作体(黄奇帆);整合内江与自贡构成大城市(白和金);在成渝之间建特别经济区(曾国平);联合制定经济区总体的生态建设发展规划以及环保产业的发展规划,共筑长江上游生态屏障(王恒丰),等等。成渝城市群发展既有有利的因素,同时也存在一些不利因素,只有克服了这些不利的条件,才能促进城市群的协同进步、飞跃发展(表6-2)。

图 6-2 成渝经济区战略地位图

(图片来源:成都市规划管理局提供)(内部资料)

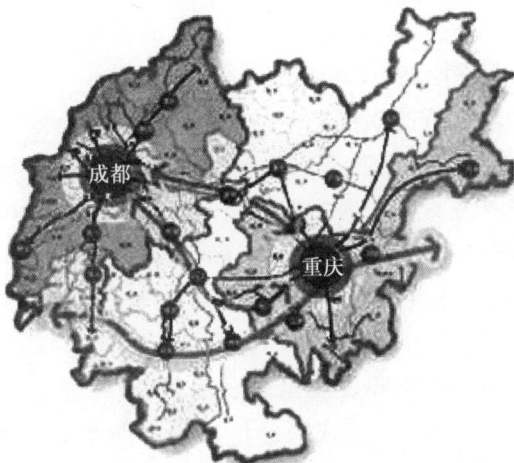

图 6-3 成渝经济区示意图

(图片来源:成都市规划管理局提供)(内部资料)

表 6-2　成渝城市群发展的有利与不利因素比较

有利因素	不利因素
① 处于沿长江国土开发的主轴与西部地带主动脉的节点； ② 城镇分布呈密集型状态； ③ 自然资源与人文景观丰富； ④ 劳动力与科教资源丰富	① 城镇整体规模经济性较弱，规模体系不完善； ② 城镇功能趋同，主导功能层次较低； ③ 地处西南内陆，投资的软硬环境相对于东部沿海城市群较弱； ④ 区域对外开放程度不高，依然以内向型经济为主

（表格来源：笔者根据相关文献整理绘制.）

成渝城市群是全国唯一的内陆城市群。成都作为其中的两极之一，应抓住历史性机遇，积极融入区域合作与良性竞争中，协同发展，优势互补。因此，立足区域的视角，调整城市功能布局、交通规划与生态结构，才能实现更高层面的城市形态可持续发展。

首先，以人口的空间聚集促进区域产业链和产业集群的形成，实现产业体系的互补、市场体系的互利，使成渝经济区成为最具增长潜力的区域。其次，加强城际交通建设，串联成都—川南—重庆等三大城镇组团，带动中小城市的发展，加强城市相互间的空间聚合度。第三，在水体资源环境与经济相协调方面，应注意划分区域性的"增产减污区"和"增产不增污区"，并对成渝地区的河流水系要有整体性的保护，形成长江流域的生态安全屏障，并在大范围内构筑重要的生态廊道。第四，政治政策上合理指导，正确处理竞争与合作关系，才能形成西南乃至西部地区发展的助推力。

（2）构建成都平原城市群（成都经济区）

成都是成渝城市群的双核之一。而由成都与周边城镇共同构成的成都平原经济区，又被认为是西部地区最具增长潜力的地区，是构建西部战略高地的重要依托基地。需要指出的是，成都平原城镇群的发展，将分流部分生产要素，而核心城市成都和重庆都将各自的城市性质定位为"三中心、两枢纽"，这将可能继续导致两大城市间的激烈竞争，不利于成渝经济区的发展。

成都平原城市群的空间发展是以成都为核心，东至遂宁、资阳，西至雅安，南至乐山，北至绵阳。《成渝经济区成都城市群发展规划（2014—2020 年）》明确了成都城市群的规划范围，包括"成都市、绵阳市、德阳市、遂宁市、眉山市、雅安市、资阳市以及乐山市的市中区、沙湾区、五通桥区、金口河区、夹江县、峨眉山市，国土面积约 7.8 万 km²，占成渝经济区的 37.9%"①。

成都经济区的空间发展战略是以成都中心城区为核心，主要沿南北向交通走廊构成往两端伸展的带状形态格局。并在此基础上，发展绵阳、乐山南北两个生长极核，增强城镇密集区的空间与经济集聚能力、技术水平以及主要城市间的互补功能，改善区域交通系统，构建可持续发展的空间区域体系。并且，在区域协作的基础上构建区域产业、城镇功能、环境与基础设施等一体化发展的新形态格局，推动四川乃至西部经济的跨越式发展。

根据所处空间区位关系，可将整个成都平原城市群划分为成都城镇密集区、绵德城镇密集区和雅乐眉城镇密集区。该区域范围内的地理交通条件优越、工农业、科教文化发达，经济联系也比较密切。

在具体的规划与实施中，要结合区域的发展，统一考虑经济、社会与自然环境之间的均衡发展，以此对资源进行合理配置，优化城市空间结构，形成整体有序的城市生态巨系统。

6.2.4 能源利用战略

因为所有环境下的人类活动均属于世界生态体系的部分内容，所以，必然存在活动的生态极限。当今，城市环境的不断恶化，体现为生态效益的低下，比如"石化能源消耗"、硬质地面热辐射等对生态环境的影响就非常大（王如松,2007）。

城市形态要持续发展，必然需要借助绿色能源利用的战略——循环经济策略与可再生能源策略。循环经济(Circular Economy)是指在城市运行的全过程实施 3R 原则：减少资源消耗(Reduce)-增加资源重复使用(Reuse)-资源再生利用(Recycle)。这主要是依据自然生态系统范式，在社会的生产、流通、消费以及产生废物的各个环节，对资源进行循环的使用②，这是城市形态实现生态可持续发展的重要途径。可再生能源利用主要是指将阳光、水、风、沼气、地热、生物材料等转化为有用的能源或将废弃材料转化成新的可用材料。

成都市目前的能源相对匮乏，面对煤、天然气等能源的不断消耗，能源

---

① 四川省人民政府.《成渝经济区成都城市群发展规划（2014—2020 年）》解读[EB/OL]. http://www.sc.gov.cn/10462/10464/10927/10928/2014/7/1/10306214.shtml.

② 殷京生.绿色城市[M].南京：东南大学出版社,2004.

问题日趋紧迫。成都市在能源的开发利用方面,长期以来呈现以下特点:以煤炭能源为主,然而可再生资源的开发使用远远不足;能源的消费总量在日益增加,但同时对能源的利用率低,能源生产与消费结构不够合理等。因而,应对成都能源使用量、能源利用对环境的影响、能源结构等进行深入的研究,综合利用能源,从而提高能源的利用效率,把对环境的影响降至最低。并且,根据成都的现实条件,可尝试发展利用垃圾、余热余压以及丰富的秸秆资源等发电。

针对成都用能以煤炭为主,能耗大、污染重的状况,成都市近年来陆续关闭煤矿企业,外迁高能耗企业,并推进技术改造,向着低耗、低排的"低碳时代"迈进,但是当前产业经济发展对煤炭的需求量还在不断加大,短期内供需矛盾仍然会比较尖锐。而同时,用煤企业也可采用工艺改革、节能减排、产业调整、使用新能源等办法,逐步降低或淘汰用煤量。

如果把城市看做一个耗散系统,其具有的自组织功能,会使城市逐渐趋向有序化发展,并带来多方面的节约。因此,顺应此特点,应加强工业、农业、商业、运输业等多种产业的节能措施。并根据成都的用能现状,重点发展电力,减少对煤炭的终端消耗。同时,促进能源结构与供应的多元化发展,使电、气、煤、油比例适当。总之,要从资源高耗、污染环境、技术落后、粗放管理转向资源节约、与环境协调、技术先进、科学管理的方向发展。

6.3 未来城市形态的生态模型建构

6.3.1 多核心轴向空间结构

多核心轴向发展的形态格局,被普遍认为是大城市发展到一定规模后的必然选择。这种策略具有较强的适应性和弹性,它已陆续运用于国内外多个大城市的建设实践中。我国上海就围绕原中心城区形成了多个次中心结构,并利用河流、农田、绿地等进行相互间的分隔。纵览成都城市空间的历史沿革,城市核心化的空间格局有着强大的历史传承性。自新中国成立初期发展至今,城区布局已从直径4 km左右的同心圆扩展到直径约20 km的同心圆形态。成都不得不面临随之而产生的诸多城市问题。因此,需要调整和优化现有的城市形态和结构,为城市发展寻求新的合理空间,实现城市功能与空间的良性拓展。同时,也为旧城保护提供更多可能性。

(1) 大区域层面(成渝经济区)

在大区域层面上,成都的发展应在坚持依托对外交通干线成绵、成雅 (乐)、成渝高速以及新成渝铁路,构建沿交通走廊的"T"形发展轴的战略思 想基础之上,构筑"绿色集约——大 T 小指"型的城市形态格局(图 6-4),其 特征表现为多核轴向式、组团层级式、生态高效化及网络层次化。

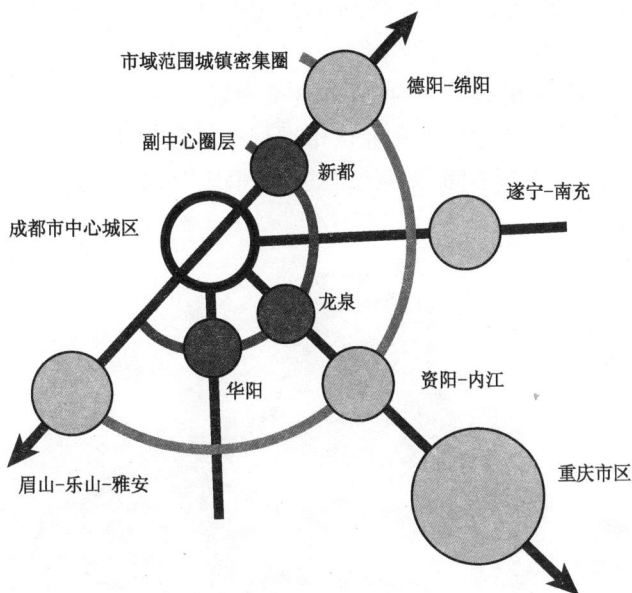

图 6-4 "绿色集约——大 T 小指"型的城市形态格局

(图片来源:笔者自绘.)

结合成都西北高、东南低的地形地貌和气候特征,以及成都平原的水系 分布及走向特点,并从区域的角度进行考虑,成都城市的未来空间发展应顺 应成都平原城市群的空间结构,在古成都生长轴的基础上发展成绵—成雅 南北主轴,基于以水系为基础构建东西副轴。主副轴有机结合,形成"大 T" 形结构,并在城市规划区范围内形成围绕原有中心城区的三个新城市核 心——南部华阳副中心、北部新都副中心与东部龙泉副中心,构成中心城区 与农村地带之间的缓冲过渡区,改变成都以往的单中心圈层式的发展模式。 城市主轴是以成都中心城区为主核心,向北(东北)经新都连接绵阳市、德阳 市,并进一步北拓;向南(西南)经双流连接眉山市、乐山市和雅安市,并继续南拓。由于生态因子作用,在建设用地发展方向上需要控制向西发展,以保护西部良田。所以,城市副轴主要强调向东的拓展,连接东部副中心,以及通过内江、资阳与重庆连接,加强成渝区域城市带建设。同时,控制好空间发展的时序,近中期强化南北主轴,建设成都平原城市群,远期以东、南向拓展为主,加强成渝经济区建设,逐步控制圈层扩张,形成"集约化""生态化""非均衡"的轴向发展城市形态格局。"小指"是在市域层面形成由中心城区向周边区(市)县指向延伸的形态拓展,形成经济走廊。

(2)市域层面(成都平原经济区)

结合成都市规划局编制的《成都全境规划》,以及成都市建设"世界现代田园城市"的规划思路,本研究从市域层面提出未来成都的城市空间结构模式——"1区3核3圈、2轴2带5+1走廊"(图6-5)。具体分项说明见表6-3。

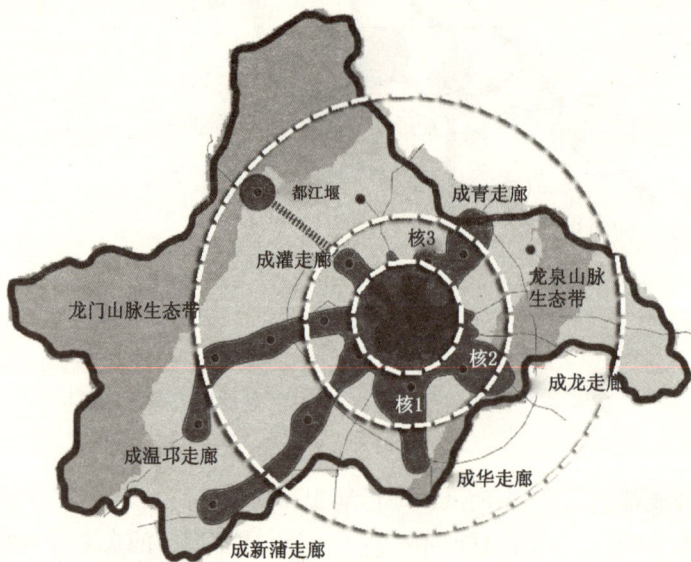

图6-5 成都未来城市空间结构模式——"1区3核3圈、2轴2带5+1走廊"

(图片来源:笔者自绘.)

根据"多核轴向发展"格局,成都未来将采用"集中式分散"的发展,即以中心城区为核心,沿主要交通伸展轴向周边的几个组团区域进行空间轴向扩展,同时也形成拓展方向上的经济走廊。

表 6-3　成都未来城市空间结构模式分项说明

分　项	具体内容
1 区	高效集约的中心城区(第一圈层)
3 核	南部、北部与东部副中心(第二圈层)
3 圈	城市空间的层级结构:一圈层(中心城区)、二圈层(近郊区)、三圈层(远郊区)
2 轴	南北主轴、东西副轴
2 带	龙门山、龙泉山脉生态带
5+1 走廊 ("小指")	5 走廊:① 成华走廊(南:成都南延线-华阳-黄龙溪) ② 成青走廊(东北:成都-新都-青白江-金堂) ③ 成龙走廊(东:成都-龙泉驿) ④ 成新蒲走廊(西南:成都-新津-蒲江) ⑤ 成温邛走廊(西南:成都-温江-邛崃) +1 走廊:成灌走廊(西北:成都-郫县-都江堰)

(表格来源:笔者根据相关文献绘制.)

　　表 6-3 中的"5+1"条经济走廊是相对独立地发展,并沿各自的经济走廊作重点规划建设,各产业带形成协调互补。需要特殊说明的是,之所以将成灌走廊相对其他 5 条走廊独立出来,是因为该走廊位于都江堰灌区,处于成都的水源涵养地,不适宜大规模人群进行生活、生产活动,因此应特别注意从长远考虑,对其发展规模与用地范围要进行严格控制,以免向相对邻近的成温邛走廊或成青走廊蔓延,而破坏走廊与楔形绿地相互间隔的生态格局,使都江堰灌区的水系农田受损。可将该走廊上处于远端的都江堰市作为独立的新城进行建设,利用与郫县、成都之间的快速交通如高速公路、轻轨等进行高效连接,严格控制该区间范围的用地发展,从而最大程度上保护成都的水源涵养地与生物多样性通道。

　　六块大面积开敞的楔形绿地(开敞空间)植入城市规划区,将中心城区周边的新都-青白江、郫县、温江、龙泉、双流华阳、双流东升-新津等六个大城市组团①分隔开来。城市沿这几个组团进行走廊式发展,可因生态隔离区的存在而避免城市继续走向连绵发展的势态。大组团间可用高速公路和轨道交通联系。另外,中心城区范围内的五城区(锦江区、武侯区、青羊区、金牛区、成华区)及高新区可各自形成中心城区边缘的城区级小组团,由此形成区级中心以分散市中心的压力。它们与中心城区外围的大组团共同构

―――――――――――

①　参考"成都市城市总体规划(2003—2020 年)[Z]",并进行局部调整。

成城市高速运转的网络节点,由此也形成丰富多变、高低错落的连续性城市空间形态景观界面(图6-6)。

| 中央核心区 | 中心城区一般地区 | 中心城区级中心 | 走廊地区 | 外环生态区 | 走廊地区 | 组团中心 | 走廊地区 | 外围生态区 |

图6-6 成都城市空间形态景观界面
(图片来源:借鉴成都市规划管理局提供的内部图片资料绘制.)

从当前的城市形态现状看,成都尚未形成多中心的空间格局。本书认为,须建立强有力的"反磁"作用力,确保南、北、东部三个新城的建设和发展,吸引中心城区的部分人口向副中心集聚,从而加速单核心城市形态向多核心组团模式的发展(图6-7)。而对于原中心城,应采用紧凑发展的思路:把可持续的城市交通体系构建和土地综合开发利用相结合,引导城市土

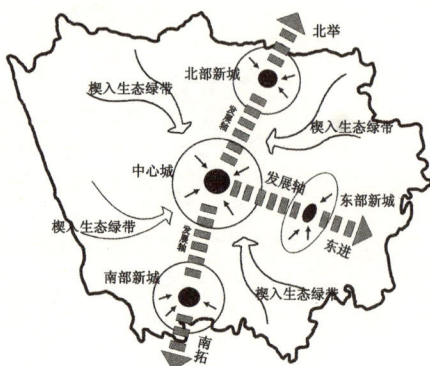

图6-7 城市规划区空间拓展概念
(图片来源:笔者自绘.)

地高效利用和有序扩张,并注意配置、增建适当的绿化开敞空间,不能每腾出一块土地就用新的建筑物重新塞满,从而保护和改善城市生态环境,这也是实现城市形态可持续发展的有效途径之一。

6.3.2 人口规模预测

根据有关数据统计,发达国家的人均建设用地水平为 82.4 m²/人,发展中国家的人均建设用地水平为 83.3 m²/人,而我国城乡建设用地水平达到人均约 130 m²/人(2004 年),已很接近国内的限值(国家定额最高值为 150 m²/人),远远高于发达国家水平。这说明,我国城乡建设用地增长过快,也很不紧凑[①]。并且从结构上看,散布于乡村的非农建

---

① 仇保兴.紧凑度和多样性——我国城市可持续发展的核心理念[J].城市规划,2006 (11):18-24.

设用地占了总量的绝大部分,且又不能直接用于生产或城市化的需要。

国内最值得与此状况作比较的城市要算香港了。香港的土地总面积为 1 068 km²,总人口约 600 万,城市建设用地大概 200 km² 左右,则人均建设用地约为 30 m²/人,紧凑度极高。若按国内 130 m²/人的人均用地水平来进行城市建设,那么,香港就需要约 780 km² 的土地来承载现有的人口与设施建设,而照此计算,所需的路网等基础设施以及人流、物流的里程数均会增加 4 倍,同时,也是最不利的一方面,就是照此布局,香港城市所保持的占土地总面积 80% 以上的生态环境与山水田园自然景观会降至 20% 左右[①]。因此,建设用地的人均指标是城市形态可持续发展的一个重要的评定和控制性指标。

根据成都市统计年鉴等资料计算得出,2015 年成都市域建成区面积 1 006.7 km²,人均建设用地约为 82 m²/人,这显示出成都土地使用情况介于集约化与分散化之间,偏于紧凑。

根据以上分析,借鉴霍华德的"田园城市"理念作为不同建设集约度的城市发展模型对比研究,从城市社会学的角度,对未来成都城市的发展模型进行假设和演绎(表 6-4)。

表 6-4　集约化与分散化城市发展模式数据对比

比较指标	集约化发展理念	分散化发展理念
人均建设用地	75 m²/人	110 m²/人
人均总用地	375 m²/人	660 m²/人
建设用地占总用地比重	20%	16.6%
所需总建设用地	1 700 km²	2 520 km²
所需总用地	8 500 km²	15 200 km²
未来人口总量	2 300 万	2 300 万

(表格来源:参见成都市规划管理局相关资料的计算方法,重新调整了部分数据)

相关计算如下:

(1) 计算城市发展所需总用地

包括成都市域内,除龙门山、龙泉山以外,剩余的可建设用地、生态用地

[①] 诸大建. 从国际大都市的空间形态看上海的人口与发展[J]. 城市规划汇刊,2003(4):30-33.

与农业用地。

$$所需总用地 = 12\ 121(市域土地总面积) \times 70\% \approx 8\ 500\ (km^2)$$

（2）计算城市发展所需总建设用地与人均建设用地

假设建设用地总量约占所需总用地的 20%，则：

$$所需总建设用地 = 8\ 500(所需总用地面积) \times 20\% = 1\ 700\ (km^2)$$

（3）计算未来城市用地可容纳的适宜人口总量

参照目前发达国家的平均水平，认为市域以人均建设用地 75 m^2/人计算，紧凑程度较适宜。

$$未来人口总量 = 总建设用地/人均建设用地$$
$$= 1\ 700\ km^2/(75\ m^2/人) \approx 2\ 260(万人)$$

图 6-8　集约化发展模式与分散化发展模式的模型对比

（图片来源：根据成都市规划管理局提供的图片资料加工整理.）

由表 6-4 的数据分析以及图 6-8 的发展模型示意可看出，在同时容纳未来 2 260 万人的情况下，集约化发展模式需要总建设用地 1 700 km^2，总用地为 8 500 km^2，而分散化的城市模式（以霍华德田园城市模式为典型）则需要 2 520 km^2，总用地需要比前者高出约一倍，达到 15 200 km^2，这种方式缺乏土地资源利用及城市交通与基础设施建设等多方面的高效性和节约性。因此，上述集约化的城市发展模式显然更有优势和可行性。

那么，未来成都市域将能容纳约 2 300 万人，即可计算出未来的市域人口密度约为 1 800 人/km^2。按成都市 2011 年调整的总体规划，2020 年的市域总人口约 2 000 万人，市域人口密度为 1 650 人/km^2，而成都 2014 年的市域人口密度为 989 人/km^2。可见，若按本节推演的数据结果，未来成都城市的发展还有一定的空间，城市规模将更大，但人口与经济的空间分布结构必须相应更趋于合理化，未来城市发展必走集约化发展的道路。

国外的实践证明，当大都市发展到一定规模，往往会出现中心城市的人口增长逐步减少,而都市圈范围的人口增长会逐渐增大的现象(图 6-9)。未来 10 年,成都城市形态的发展以及人口的增长与分布会受到诸多因素的影响,比如轨道交通的建设,3 个城市副中心的构筑,与绵阳、德阳、简阳等周边区域的合作等等,这些都会使城市人口发生分流,从而造成人口增长率的降低。因此,预计到 2020 年以后,中心城区的人口可能不再增加,而是逐步降低,主要向城市的第二圈层(中心城区周边的 6 个城市组团)分流。这会带动经济因素逐步向周边扩散,促进城市形态的进一步发展。

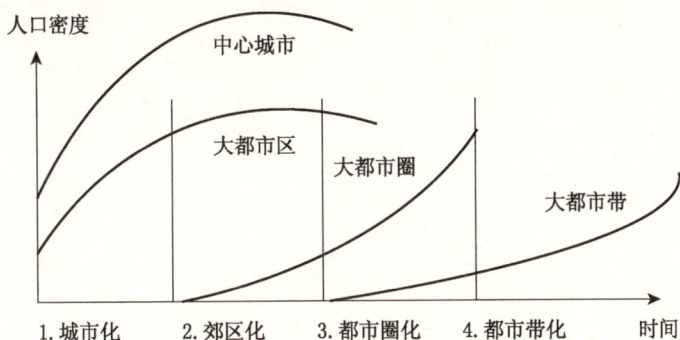

图 6-9 大都市的发展阶段与人口变化

(图片来源:诸大建.从国际大都市的空间形态看上海的人口与发展[J].城市规划汇刊, 2003(4):30-33.)

6.3.3 城市形态虚拟

成都未来的城市形态必然是选择生态、低碳、集约化、区域化的可持续发展之路。根据前述"集中式分散:轴向发展"和"多核心构建:组团模式"的城市形态发展思路,运用SketchUp 软件进行计算机建模,对成都未来可持续发展的城市形态进行了空间虚拟。

图 6-10 和图 6-11 是对本章所提出的未来成都"绿色集约——大 T 小指"型城市形态

图 6-10 城市规划区城市形态格局的
二维平面示意

(图片来源:笔者绘制.)

格局以及"1区3核3圈、2轴2带5＋1走廊"城市空间结构模式,进行的二维平面示意以及三维空间虚拟。图中体现出城市由高到低、由密到疏、多核心轴向式发展的形态特征,也展示出城乡与自然生态环境的有机融合的生态格局。

图6-11　城市规划区城市形态三维空间示意

(图片来源:笔者绘制.)

6.4　城市形态的可持续性规划策略

结合时代特征,立足生态的视角,制定适宜的规划策略,探索未来城市形态的发展,是实现城市形态可持续发展的先导性工作。

6.4.1　循环经济下的产业新空间扩展

当今世界,城市的国际化、信息化和知识经济等新功能不断加强,并导致城市功能发生转变,逐渐扬弃原有的与城市功能不适应的城市形态。20世纪90年代以来,在以经济建设为中心的发展思路下,成都的产业结构进行了不断的调整和优化,中心城区的工业往周边地区转移,并主要向工业园区集聚,促进了产业集群的集约发展。同时,出现了以产业空间为中心的多种新空间,如新工业区、商务区、高新区、新行政中心(市政府南迁计划)等。另一方面,信息技术在城市各领域的渗透,可通过新的生产生活模式来改变城市的土地利用与人口的空间分布,由此催生出"虚拟空间",它和实体空间是一种和谐共存的关系。以上这些新城市空间的兴起,构成了主要的城市扩展现象,且主导着城市形态的演变。新功能的扩展将带来成都城市形态新的变化,推动更合理的城市形态发展。

但是,由于成都的能源与环境资源正面临压力,在食品、机械(含汽车)、医药和电子信息四大支柱产业迅速发展的同时,必须探寻具备可持续性的经济模式,发展循环经济。应加强对生态、环保的绿色产业的扶持,逐步形成一定规模的太阳能、风能、核能、生物材料加工等新能源产业,并努力成为低开发-高利用-低排放(甚至零排放)的新经济增长点。

成都市域的产业空间布局形成了梯度发展的经济圈层结构。未来成都应在大力发展绿色经济的基础上,发挥全域成都三大圈层不同的优势,不断优化产业结构与布局,形成特色突出的经济发展模式(图 6-12)。

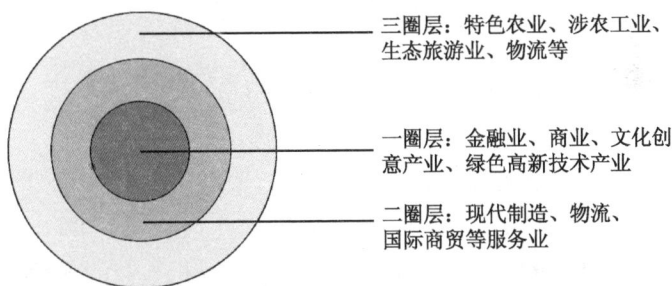

三圈层:特色农业、涉农工业、生态旅游业、物流等

一圈层:金融业、商业、文化创意产业、绿色高新技术产业

二圈层:现代制造、物流、国际商贸等服务业

图 6-12 成都市域三大圈层产业空间布局

从另一角度探讨,成都的产业发展还可依据城市空间拓展的主导方向,在市域范围内形成南北并行展开的多条带状产业布局模式,建构"集约、集群、绿色、规模化发展"的现代产业体系。从总体功能分区看[①](图 6-13),可划分为以现代服务业为主导的提升型功能区;以先进制造业为主导、现代服务业与现代农业相结合发展的协作功能区;以现代农业为基础的现代服务业发展的生态优化型功能区(规划部门在此区域确定了先进制造业的发展,本书建议由于其大环境所在,此带的北部不应鼓励工业发展,而南部下风向处可适当考虑少量的工业);以及以生态屏障、旅游产业为主的生态保护与旅游型功能区。这四大产业功能区的发展,应遵循以下原则:

(1)对于原有的工业体系,应继续调整优化,对传统工业进行技术改良,创建生态环保工业,促进高新技术产业的发展,而且还可采用"非均衡发

---

① 参考:成都市规划管理局(赵钢). 世界现代田园城市[Z]. 2009.

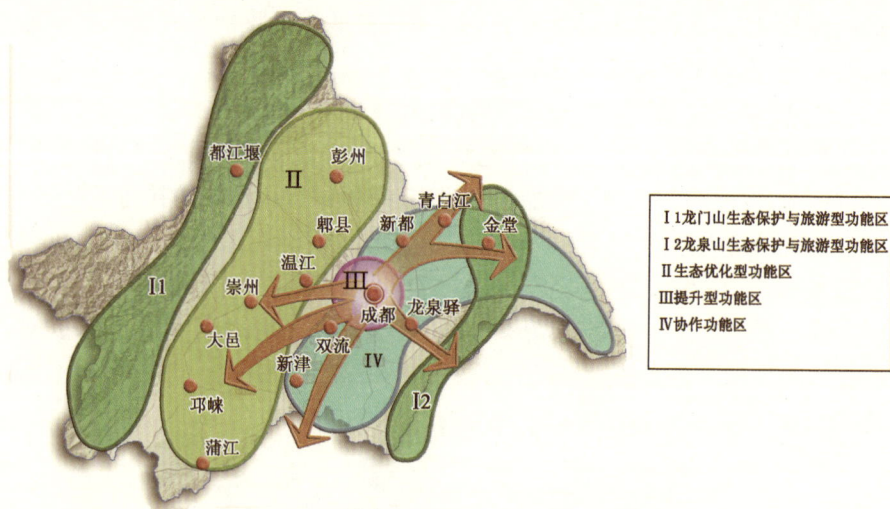

图 6-13　成都市域产业总体功能分区示意
(资料来源：参考成都市规划管理局的产业发展构想绘制.)

展战略"在特定区域进行优先发展,起到带动作用。

(2)对于农业体系,应在合理高效利用农业生态资源的基础上,创新发展模式,提高技术含量,营建与旅游、商贸、加工等相结合的现代生态农业,并深化以温江、郫县、都江堰、双流以及蒲江等为代表的国家、省市级的生态示范区项目建设,对地震中受灾的乡镇村在规划重建安置点的基础上,实现新型城镇化与农业现代化。

(3)对于生态型旅游产业体系,应力求在保护生态资源的同时,合理规划和创新开发旅游项目,强调地域特色。比如,农家乐产业是具有成都特色的新兴旅游产业,是一种适应成都市民生活方式的休闲生态产业,它在成为成都最重要的旅游休闲形式组成并产生经济效益的同时,又最大化地保持了良好的生态环境。因此,该产业的发展值得提倡。目前,农家乐主要集中于锦江区三圣乡(图 6-14)、龙泉万亩观光果园、郫县农科村、都江堰青城猕猴桃绿茶基地、邛崃平乐古镇花楸村、新津梨花沟等,主要类型有农业观光型(如生态果园旅游观光区)、民俗文化型、休闲度假型。但是,从成都农家乐发展现状看,虽相对集中但也有零散多点的特征,因而还需要进一步提升,实现集聚整合化、服务综合化、类型多样化。另外,"川西林盘"是成都的历史文化和生态景观的重要体现,建议在将其发展为新型农村聚集点的同时,可在合理划定的范围内适度发展"林盘农家乐"。

152

(a) 生态观光园　　　　　　　　　　(b) 农家乐

图 6-14　成都三圣花乡"荷塘月色"

(图片来源:笔者自摄.)

值得一提的是,在生态优化型功能区内的北端,邻近都江堰的彭州大型石化项目,尽管 2010 年市政府提出其下游产业会移至成都以南的眉山(协作功能区内),但核心的炼化一体化项目依然保留在彭州。我们知道,若在城市的上风口设置大型工业,则不可避免会对下风向的环境造成污染和影响。彭州是全国的蔬菜生产基地之一,又刚好处于成都的上风上水向,如果石化项目建设产生的污染排放不能得到及时、先进的治理,则会影响到整个成都平原经济区的生态环境质量。因此,它应该是"零排放"的、节能的、清洁生产,从循环经济的角度,建议争取做到"负排放"甚至"低产能",这样才能实现循环经济下的产业发展。

总之,应在充分发挥成都生态资源优势的基础上,促进循环经济、绿色产业的发展。

6.4.2　蓝绿交织的城乡融合

在生态环境的建设方面,成都近年来也十分重视。但是,即使在府南河、沙河的整治工程之后,除了水体污染外,空气环境质量问题依然很严重,而且城市绿地系统的建设也有待完善。另一方面,在成都城市形态的演变过程中,基于土地所有制的差异而产生了不和谐的、矛盾突出的城乡二元体制,这使得寻求城乡一体化的融合发展已非常迫切。2008 年大地震后,成都市要求要借鉴灾后重建的经验以提高城乡统筹的水平。在此基础上,成都市规划局提出了新型城乡一体化空间格局:特大中心城市(1 个)-中等城市(14 个)-小城市(重点镇,34 个)-小城镇(一般镇,150 多个)-农村新型社区(数千个),这将使城镇发展体系得到进一步的优化①。

同时要明确的是,城乡一体的持续发展必须促进山水环境的一体化。生态支持系统中的河流、湖泊等蓝脉保护着城乡的重要生命线,而系统中的绿网则对城乡供氧平衡的调节作用很重要。生态型的城市形态对自然是有机摄入的,应在其良性生长中合理实现城乡与山水田园的相互交融,把富有活力的城市生活与美丽的乡村环境结合起来。这正是霍华德田园思想所表达的重要愿望之一。

(1) 市域生态结构

根据本书第 2 章中论述的"景观生态学"原理,城市景观空间应形成"等级结构""异质性"等特点。由此,成都市域从西到东可体现为从山体到农田与林盘再到丘陵的绿色梯度变化的层级性结构,反映城市与乡村不同的景观特点,形成"山-水-田-园-林-城"②一体的层次丰富、功能多样的生态网络结构(图 6-15,图 6-16)。规划设计时,应从非建设用地入手,尽量将其比例控制在市域总面积的 80% 以上,以保障城市生态的底线。

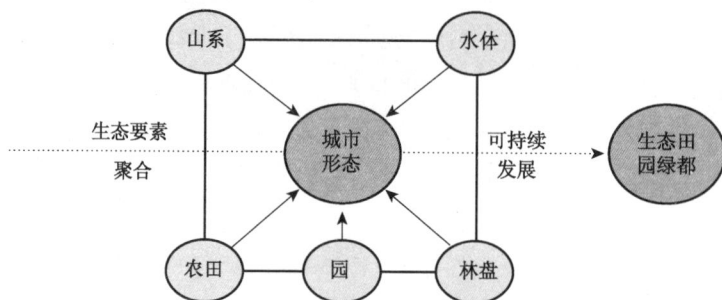

图 6-15 市域生态结构关系

(图片来源:笔者自绘.)

山:龙门山、龙泉山及其自然保护区、风景名胜区与森林公园等,加强城市周边自然景观的环境保护,建构生态屏障。

水:岷江、沱江水系,其内形成河流与湖泊生态景观,调节气候,并依附主要水系构筑东西向的生态廊道系统。联系东、西部生态区形成生物物种流动的通道,充分利用生态环境优势维持生物多样性,避免城市用地无序蔓延。

---

① 刘祯贵. 关于新型城镇化下成都城市文态建设的思考[EB/OL]. http://www.sc.cei.gov. cn/dir1009/170265. htm.

② 成都市在 2009 年末提出的"世界现代田园城市"建设思想中指出,山、水、田、林四大要素是成都独特的生态本底。

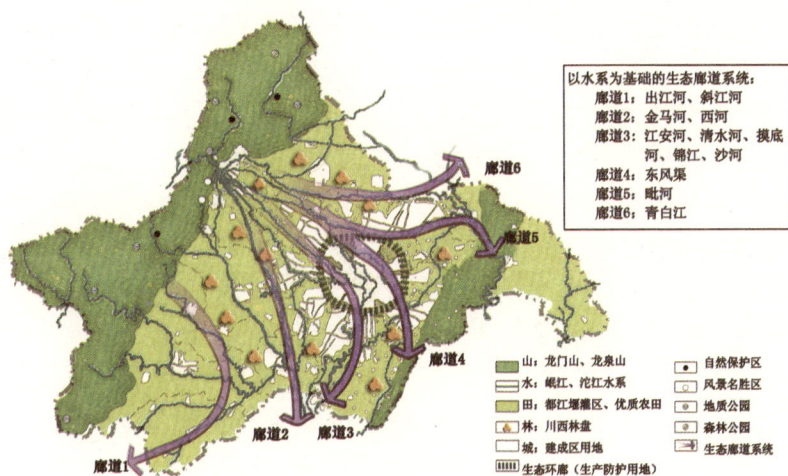

以水系为基础的生态廊道系统:
廊道1: 出江河、斜江河
廊道2: 金马河、西河
廊道3: 江安河、清水河、摸底河、锦江、沙河
廊道4: 东风渠
廊道5: 毗河
廊道6: 青白江

山: 龙门山、龙泉山
水: 岷江、沱江水系
田: 都江堰灌区、优质农田
林: 川西林盘
城: 建成区用地
生态环廊(生产防护用地)

自然保护区
风景名胜区
地质公园
森林公园
生态廊道系统

图 6-16　市域生态结构示意
(图片来源:笔者自绘.)

田:农田,包括菜地、鱼塘等。严格控制好以基本农田为主的生态隔离区,主要承担现代农业与生态两大功能。

园:各类型、各级别的果园、公园绿地等。应注意对其大小规模、分布等进行合理性控制。

林:经济林地、城郊防护林、林盘。保护好市域现有的14万多个林盘(图6-17)。为保护此特有的川西民居形式,在灾后重建中一些灾区采用林盘方式"拆小院并大院",节约宅基地,耕地得以增加面积。这种方式对林盘的保护很有意义,同时,建议重建时尽量把握适宜的尺度,从环境上充分体现林盘有价值的生活空间。

城:城、镇、村的空间形态应有各自的特点。同时,利用道路绿化、高

图 6-17　川西林盘
(图片来源:中国国家地理杂志提供.)

压走廊、基础设施走廊等与纵横交错的河道共同构成连续的绿化网络。新建公路、城际道路、乡村路的选线应尽量结合自然地形,并力求能展示周围的自然风貌。

市域内绿色(农田、山体、林盘、公园绿地)和蓝色(河流、水塘)网络形成城市公共空间的重要组成部分。绿色和蓝色网络的形态与城市的硬质肌理形成对比和互补,相互渗透,把握好这些景观生态元素之间的"关系"与"相互作用",共同构筑优美的城市景观,实现城乡融合的田园式生态格局。

(2) 城市规划区生态格局

成都的城市用地建设主要集中于城市规划区,要在此范围内创造宜居的环境,必须要有充足和多样化的生态环境。结合城市规划区现有的生态环境状况,提出蓝绿相间的"江-湖-湿地"城市形态生态格局(图 6-18)。具体包含如下内容:

① 江:江安河、清水河、金马河、锦江、芦溪河、东风渠、西江河、毗河、青白江。

② 湖、湿地:一圈层的上府河、北郊、东郊、十陵景区、三圣乡、清水河、江安河的生态湿地以及东湖、金温湖;二圈层的西湖、南湖、龙泉湖、双龙湖、柏条水库、金马河湿地公园、西河湿地公园以及新世纪公园生态湿地。除了这些已有、扩建和规划的生态景观,还建议在航空港开发区内新增一处规模较大的生态湿地公园。从图 6-18 中各湖泊湿地的分布来看,除了双流的西南部分,其余方向分布较为均衡,图中用虚线圆圈框出了这片城市用地,该区域缺乏大面积的湖面或生态湿地。而此位置是成都空间拓展的重要方向,未来的建筑密度与人口密度会不断增大。但是,如果用地被填满,则不利于该区域的大气候条件改善。虽然该片区内的四川大学新校区有湖面450 亩,但面积偏小,而且对外开放性也不够,无法满足整个区域的生态景观需求。因此,建议在双流文星镇内江安河旁形成生态湿地公园(图 6-18中"建议新增生态公园"所指位置)。

③ 楔形绿地:开敞的楔形绿地将中心城区外围六个城市组团(对应的六走廊)间隔开来,并从各个方向插入中心城区,形成生态廊道。为了防止各组团的连片发展,严格保持楔形绿地的最窄处宽度是有效的控制途径之一。

(3) 中心城区绿地系统

成都在城市发展的各阶段一直与水的关系密不可分,未来的城区建设可通过滨水空间的营造,完善城市生态景观体系,保持"两江环抱"的环境特色和滨水景观带,实现水城相融。另外,中心城外环(绕城高速)两侧规划的500 m绿带,可结合二圈层渗入的楔形绿地,作为城市与郊区之间的生态廊道。由图 6-19 可看出,同是圈层发展的北京城市,其围绕中心城区的绿化

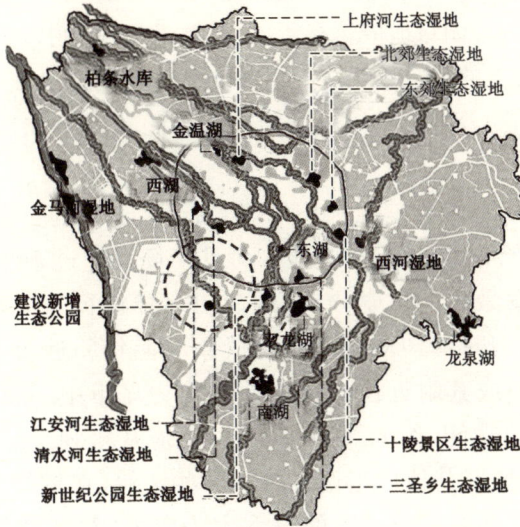

图 6-18 城市规划区"江-湖-湿地"生态格局

(图片来源:作者自绘.)

隔离带中植入了大量以居住为主的用地,使整个绿带表现出明显的断续性,其生态功能及对控制城市继续蔓延的能力较薄弱;而从成都中心城区的绿地系统概念图看(图 6-20),生态环廊更为完整、连续,且具有一定的厚度。无疑,后者的生态功能保障性相对较强。建议是,应注意控制该层面楔形绿地最窄处的宽度。这片生态绿洲将成为"都市通风口"与城市绿肺,对于成都的生态与人居环境有着重大意义。

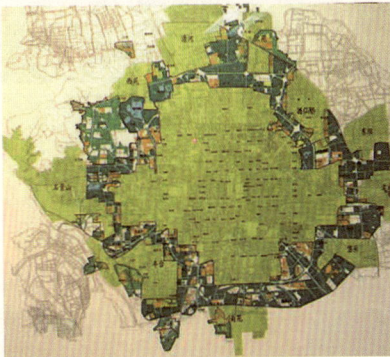

图 6-19 北京绿化环廊

(图片来源:http://house.sina.com.cn)

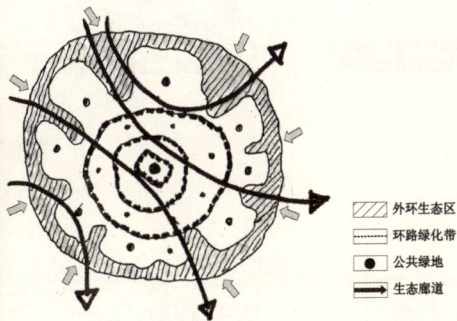

图 6-20 成都中心城区绿地系统概念图

(图片来源:作者自绘.)

　　但是,在包含公园、街道景观、滨河景观等多层次的成都中心城区绿地系统中,市中心的公园绿地依然有所欠缺,缺乏如纽约中央公园、伦敦大牧场那样真正意义上的"城市绿心"。正如陈可石教授说的,市区的公园早已被塞满了,并没有实现可持续的生态环境。由此,笔者提出以下建议——抠出"绿色单元":

　　① 成都市中心虽然有天府广场,但缺乏大面积的生态绿地和树林,汽车废气污染严重,空气质量不佳。而且广场设计过于注重平面构图,表达的是一种图景式的哲学语言,缺乏对多样性行为活动的引导和有层次的绿化景观塑造(图6-21)。建议今后能将邻近天府广场北面的成都市体育中心或其附近位置的用地置换为城市中心森林式公园,发挥"城市绿心"的功能(图6-22)。同时,还应从规划上通过集约、紧凑型建设,在中心城区其他适当位置腾出一些地块,在钢筋混凝土建筑群中适当穿插一些具有一定尺度的以乔木为主的"绿色森林",而不能都植成草坪、花卉、灌木等平面绿地。虽然市中心寸土寸金,但从城市形态可持续发展的眼光看,眼前的经济利益并非第一,而应将长期的生态效益放在首位来考虑。

(a) 鸟瞰　　　　　　　　　　　　(b) 西北角

图6-21 成都天府广场

(图片来源:(a) http://www.cots.com.cn　　(b) 笔者拍摄)

　　② 邻近天府广场东侧的春熙路步行商业街,可谓成都市的商业名片。虽然规划了一定的步行环境,形成了良好的商业街区空间形态,但是依然缺乏能提供天然氧气的生态型开敞空间,由此,建议在其旁侧能拓展小型的公园或绿带,提升步行街的空间价值,为市民提供宜人的购物与休闲环境(图6-23)。

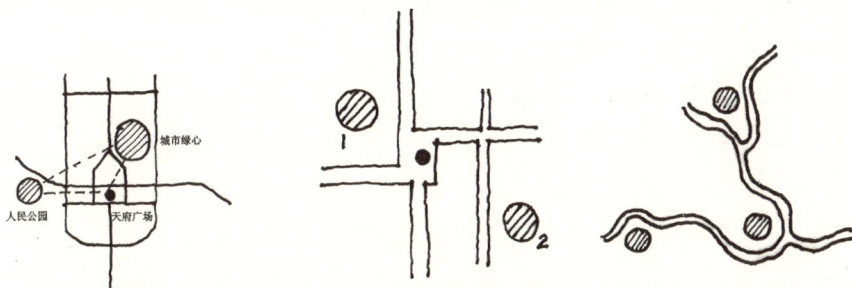

图6-22　"城市绿心"构想　图6-23　春熙路步行街"增绿"　图6-24　河流"关键点"

③ 除了保留河流两边原有控制的绿化带,沿流经城区的主要河流找寻
"关键点"(如河流交汇处、转折处等),开辟出较大面积的沿河开敞绿地或公
园,形成生态廊道上的节点空间(图6-24)。比如成都活水公园(1998)的建
造就非常成功,它运用生态学原理,使净水系统贯穿于整个滨河带状绿地的
布局中,形成流动、生态的自然景观,也保持了生物的多样性(图6-25)。这
种滨河建园方式很值得推广。

需要补充的是,还应从全市域的范围来统筹城乡园林建设,采用多元的
建园模式。首先在原有基础上进一步优化传统的城市公园,如人民公园、文
化公园、望江公园、百花潭公园等,减少人工痕迹,力求自然。其次,引入如
大熊猫基地、金沙遗址公园等拥有成都地域特点和文化内涵的新型公园;创
建如国色天香、南湖公园等现代娱乐主题公园;增设如三圣花乡等将园林建

（a）鸟瞰　　　　　　　　　　　　　（b）水生植物

图6-25　成都活水公园

（图片来源:（a）http://bbs.lqqm.net　（b）笔者拍摄）

159

设与新农村建设、促进农民新型创业的农家乐公园体制形式以及生态湿地公园等,共同构筑网络化、多功能的公园集群。同时加强"点""团"的绿地形式的建设来补充原有"以块、线为主"的单一化体系。

总之,生态要素的分布应和城乡结构形态相协调、相适应,维持生态景观的连续性、系统性,以发挥整体生态效益。通过对市域水系和绿网的优化与完善,形成覆盖全市、联结城乡的蓝绿交织的生态网络。

6.4.3 绿色交通走廊的系统架构

绿色交通是城市形态发展的可持续交通模式。所谓绿色交通,即低污染的城市交通理念,一般是指对自行车、低碳公共交通工具的使用以及步行的方式。其中,公共交通工具通常有公共汽车和轨道交通,广义上还包括民航、水运及铁路。绿色低碳的公交工具应是节能、低排放、低污染的。有专家经分析后指出,成都城区的道路交通容量是较为合理的,但依然发生交通拥堵的现象,主要是没有很好的交通引导策略。

(1) 绿色交通高效化

采取以下策略,将实现成都绿色、高效的城市交通网络的生态化和经济性,使城市系统保持良性运转的状态:

① 对于现有交通方式:1 km 以内步行;1~5 km 使用自行车或乘公共汽车;5 km 以上乘公共汽车或地铁。

② 辅助交通方式:出租车、专线车系统,对其他城市交通方式形成补充。

③ 发展城市快速轨道交通:地铁(高运量、大运量,采用 A 型或 B 型列车的轨道交通线路,5~8 节编组列车)与轻轨(中运量,采用 C 型列车轨道交通线路,2~4 节编组列车)建设相结合的重点发展,共同发挥中心城与外围区(市)县的多通道快速连接作用。目前成都已建成地铁 1、2、3 号线,结合市域快速铁路交通的发展作为快速连接城际的补充。轻轨目前还无正式规划,建议远期可计划此项目的建设,配合地铁及在建的有轨电车,提高城区交通运行量。这些城市快速轨道交通,将在成都城市形态与结构的调整变化中发挥重要的引导与促进性作用。

④ 持续发展 BRT 交通系统

BRT(Bus Rapid Transit)即快速公交系统,是一种介于快速轨道交通(RRT)与常规公交(NBT)之间的新型公共客运系统。相对于其他机动交通模式,其人均能耗与碳排放量是最低的。这种城市快速公交系统,速度快、运量大、运行准点,与轨道交通相比,投资少、建设周期短,且运输能力可达轻轨水平。可借鉴巴西库里蒂巴市的建设经验,尽量维持 BRT 系统运行的稳定性,注意避免广州 BRT 运行时出现的"小火车"等问题。

目前成都已建成二环路环行 BRT 高架走廊,运行效率高,较好地缓解了二环以内的环行交通压力(图 6-26)。但是,它仅为一条环行单线,未与整个中心城区的公交体系构成高效网络,解决城区高峰时段的拥堵问题。建议能够在南北向、东西向上适当发展新的 BRT 走廊,与城市土地利用规划、开发模式相结合,更好地实现公交走廊对城市空间形态发展的良性引导。

以上原则的目的在于减少对私人小汽车的依赖和使用,提倡节能、低污染的出行方式。以公共利益优先,建立以步行和自行车为主的慢行交通以及

图 6-26　成都二环路 BRT

(图片来源:http://tieba.baidu.com /p/2326716840)

以公共交通为主导的绿色交通走廊系统,减少市区交通拥堵的状况,便于城市形态的轴向伸展。这无疑是实现城市形态可持续发展的有效途径之一。

(2) 建立系统化、网络化的复合交通

复合交通的建立可以促进成都城市形态形成良好的空间延展性。在航空建设方面,成都双流机场是国内四大国际航空港之一,也是西南最大的航空港,航线除直达全国 70 多个大中城市(含香港)外,还开辟了众多国际航线,目前的运量极大,其进一步扩建还受到许多方面的限制。新规划的成都天府国际机场(成都简阳市)将形成与之配合的民航网络体系。铁路运输方面,成都作为西南最大的铁运枢纽中心,具备宝成、成渝、成昆、达成四条干线,除了已有的火车北站和南站,东客站于 2011 年开通运行,而它与北站之间的铁路主体目前已完工,它将承担北站的部分运输功能。

除了形成对外的航空与铁路枢纽,在全域道路网络体系的建设方面(图6-27),成都的公路交通发达,公路密度很大。在交通体系系统、网络化的建设中,应注意加强城市中心与城市副中心以及组团中心之间的联系,促进城市空间主次发展轴的形成。今后的建设中,可逐渐完善中心城与县城以

高速路、快速路连接；县城与重点镇以一级路连接；镇与村级公路连接；县城、各组团之间与环状快速路连接的道路体系。对于公交系统的建设，目前城郊、城乡差别都较大，未来应实现覆盖城乡、公交到乡或村的一体化目标。轨道交通方面构建国铁、城铁、轨道有机衔接，并依托城市轨道交通枢纽形成"TOD"发展模式，尤其是城市新建区可借鉴此理念进行建造。

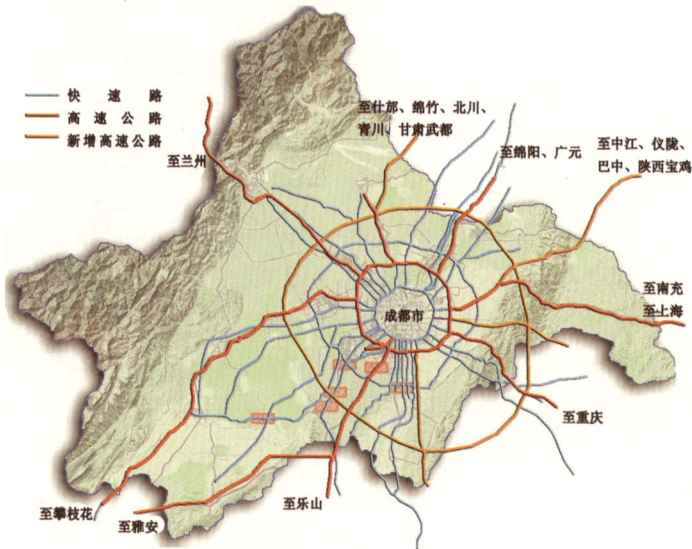

图 6-27　市域道路网络体系

(图片来源：笔者根据相关资料绘制.)

（3）交通基础与服务设施多样化

正如第 4 章在城市交通问题方面所述，成都近年来采取了各种手段和措施来改善交通基础设施建设，并取得了一定成绩。另外，还采取了架设人行天桥的措施。尽管这些在一定程度上改善了城市交通状况，加快了机动车的通行速度，但是却给人们的出行带来不便，而且由于对天桥形态的考虑不够，常常会影响到城市街景立面的美观。在步行系统的设计方面，香港的实践经验值得学习。香港运用了 TOD 社区的土地开发模式，地铁的服务半径为 500 m 以内，全港约有 45%（有的地区高达 65%）的人口居住于其中，以公共交通枢纽为起点的立体化步行系统十分发达，架空步行道往往与街道两侧的建筑直接相连，成为建筑体量的有机组成部分，为二层甚至三层的建筑空间带来了活力与商机，因而这些楼层常设有购物与娱乐功能。这种立体的步行系统在香港城市中四通八达、分布广，高效而便捷。

因此,建议成都的人行天桥不要孤立建设,而是尽量结合道路两旁的建筑形成连通的空中步道系统,既做到人车分流也方便行人(图6-28)。可考虑结合几个市中心商圈有选择地进行示范性建设,对于新建建筑可在设计阶段预先作考虑,对于有条件进行改造的旧建筑,则要适当做好技术与艺术的处理。比如,可选择一些如红星路等交通量大、商业性建筑又较为集中的街道,因为它们有形成立体化步行系统的基础和必要条件。

(a) 春熙路步行天桥(结合商建的二楼入口设置)　(b) 科华路天桥(独立设置,未考虑外观艺术性)

图 6-28　成都的步行天桥
(图片来源:笔者自摄.)

在服务设施方面,可定点设置出行管理与服务中心,提供如自行车中心、电动车充电站、地铁换乘中心、未来的轻轨与地铁换乘站等多样化的服务设施。其中,电动车充电站可采用太阳能供电等节能新技术以实现低碳式服务。

6.4.4　城市风貌多样化塑造

城市风貌是城市的灵魂,它包含以中观和微观的角度审视城市形态的空间形式及城市文化的传承状态。因此,应加强城市风貌建设,使之具备多样性、地域性和可识别性,实现传统与现代的有机结合。无疑,这样的城市形态风貌是吸引人的。

(1) 多元地域文化挖掘

在当今全球化背景下,越是地域的,就越是可持续的。当代的规划思想不能忽略城市的文化属性以及城市社会结构和居民文化价值观的相对稳定性,而是延续文脉,避免城市特色的缺失。文化是设计创新之源,提升地域"文化软实力",必将成为成都城市形态可持续发展的重大策略之一。此中包含保护历史遗存、关怀地域文化的城市发展思想。

策略一:旧城内建立完善的历史文化遗产保护与展示体系,充分体现旧城传承,体现地域文化,形成特色风貌,从而有效地避免出现中国当代许多城市"千城一面"的弊端。这主要包含历史文化保护区、古城风景名胜、文物保护单位、地下文物保护区、有保存价值的传统街区、传统建筑与构筑物、古树名木以及传统特色文化等内容。对于历史遗存应做到:深入完善对大慈寺、文殊院、宽窄巷子、水井坊等四个历史文化街区的保护;着重研究两个近现代历史文化街区——四川大学华西、望江校区的保护规划及其文化价值的弘扬;继续挖掘并保护市域内其他具有历史文化价值的街区或风景区,对其中已破败的宜保持原貌、修旧如旧。

策略二:新区建设应遵循城乡的历史文脉与肌理,尊重传统城市空间形态与结构特点,与旧城协调统一,特别要注意处理好新与旧的过渡地带,避免"突变"感觉,构建历史文化名城的有机生长进程。

策略三:建立人文与生态结合的空间模式,构筑成都文化休闲的内涵,使水文化、商业文化与休闲文化有机融合,形成城市的人文特色(图6-29)。根据前文提到的文化生态学理论,努力使"文化"对"环境"施加"正面"的作用,发挥文化与生态环境的"交互作用"。应当特别指出:改变当今许多"现代化大城市"人们像机器般地高速运转,到处是一片紧张繁忙的景象,而代之以紧张、繁忙与恬静、休闲的有机统一,恰恰是一个城市注重人文关怀和人性化发展的重要表现。

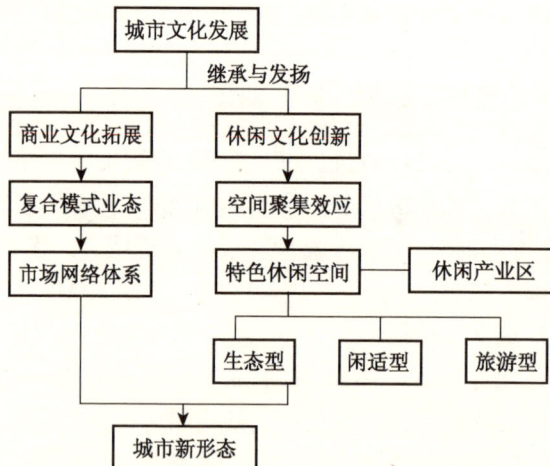

图 6-29　成都人文与生态相结合的城市新形态

① 生态休闲文化。成都有着注重人和自然和谐共处的传统,这种传统之下产生的生态休闲文化是成都地域历史文化的鲜明特色之一,对当前成

都城市形态的发展有着重要的影响。从今日数以千计的农家乐,以及暖阳下市民在锦江河畔休闲的现象充分体现了这一点。而其中,水自古以来就是成都城市的灵魂,它构成了城市的"水文化"体系。古人"以舟代步",畅游碧波,密集的水网与成都古城生活自然交融。著名的诗句"门泊东吴万里船"就是唐代诗人杜甫对这种惬意环境氛围的情怀抒发,生动地描绘出古代成都发达的航运景象(图 6-30)。这种水文化情结在现代化的今天依然挥之不去。然而成都目前已步入"缺水城市"行列,锦江通航已十分困难。

　　基于这种状况,建议可考虑结合沿岸景观规划,分河段进行浅水式观光游览的河道旅游开发,但应避免对河流造成新的污染,定期做环境评估,制定相关环保策略。

图 6-30　成都锦江(约 1970 年代)
(图片来源:http://www.tianya.cn)

图 6-31　成都茶文化
(图片来源:中国国家地理杂志.)

　　② 餐饮文化。成都的茶馆文化历史悠久、闻名遐迩(图 6-31)。据有关文献记载,清末之时,成都的街巷有 516 条,而茶馆就有 454 家。如今,成都的茶馆文化继续得以延续,且在文化品位和装修格调上不断提升,形成地域特色浓厚的文化"风景线"。随着社会的不断发展,成都的餐饮文化也得以发扬,形成了城市空间上的分点集聚,发展为一些特色餐饮娱乐街与餐饮娱乐区(如琴台路、羊西线等)。同时,由茶文化衍生出的酒吧文化,更是成都现代休闲文化的重要缩影,并已形成了多条各有特色的"酒吧一条街",繁华热闹,如安顺廊桥旁的滨河酒吧街等。这类休闲文化既是现代都市活力所在,也成为成都第三产业发展的重要推动力。应很好地利用其优势,在城市的旧城改造与新区建设中发挥积极的借鉴作用。对原有已基本形成集聚效应的餐饮区进行改造更新,使其具有整体的风貌特色,丰富和完善城市景

观界面,又保持各组成单元的独特性。对新建区的规划应综合考虑区位选择、风格定位、环境塑造、服务范围等多方面因素。

③ 旅游休闲文化。当前,成都的旅游休闲活动备受市民推崇,它同成都的经济繁荣发展密切相关,在社会民俗方面,也体现出成都悠闲自得的传统"慢"生活模式。该类文化发展主要通过推动城区与郊区的休闲产业发展来实现,可充分利用城郊用地,既保持很好的生态景观,又为城市居民提供休闲活动场所,满足居民的多方面心理、生理需求,同时推动其他相关行业的发展。

(2) 可识别的空间形态构筑

正如凯文·林奇所认为的,从整体形象需求出发进行设计,对于构筑良好的城市形态是很重要的,这样的形态特征应该具有秩序感、动态性和趣味性。因此,各级城镇均应形成各自独特的标志,如建造一些与环境有一定协调性和设计独特的建筑、构筑物或特色街等。对于城市重点节点,应设置开敞空间提供景观、生态、游憩等功能,形成疏密相间、高低错落有致、空间轮廓线丰富的城镇空间。

在具体的城市设计中,应着重研究若干特殊街区和公共空间,对其空间环境作整体性的构思和规划,突出形态特点,使之构成成都城市形态空间特征的优美典范。比如,在传统风貌的空间传承中,对旧城内的宽窄巷子历史片区的保护性改造,应力求体现历史底蕴,尊重其独特的市井文化

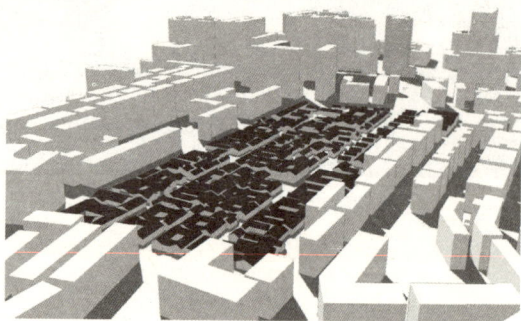

图 6-32　宽窄巷子

与北方胡同文化,提高空间识别度(图 6-32)①。它作为成都传统四合院群生活模式的"遗留版",对成都市民的文化精神影响是巨大的,人们希望在此重拾老成都的印象,获得一种归宿感。然而,在现代与传统元素的融合中,虽然并没有破坏传统有价值的空间模式和"鱼脊式"城市肌理,但是商业性的过于强化,在一定程度上弱化了原生态的生活模式,影响了认同感,希望这方面能得到完善。又如锦里(图 6-33),打造的是成都传统的文化步行商

———————————

① 笔者硕士生课程的教学成果,由曾竞钊等绘制。

业街,它是古老街肆场景的再现,也是对蜀汉文化传承的成功典范。

图 6-33   锦里文化街
(图片来源:笔者自摄.)

在现代风貌的空间创新中,以处于市中心商圈的春熙路步行商业街为例(图 6-34)①,它与上述实例相比属现代开发模式,但在内涵上仍具备历史形成的商业背景,在 20 世纪八九十年代是有名的文化、商业场所。如今,这条步行街在规划建设上较注意对历史传统元素的保留与借鉴,且对外来文化也进行了有价值性的保留,1910 年建的基督教青年会馆遗址(现锦华馆)就与现代的新建筑并置于步行街系统中。但是,在浓厚的商业气息下,文化

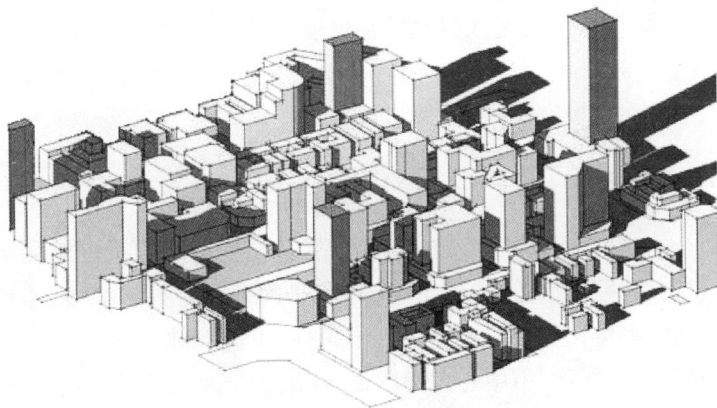

图 6-34   春熙路步行街区

---

① 笔者硕士生课程的教学成果,由张昊等绘制。

品位仍有待进一步提升。而且,该步行街的完整性、丰富性依然还不够,步道系统非立体化略显单一,服务于人的设施不齐备,有些很窄的街道可以通行汽车,人流、车流、货流混杂,这些环境需要进一步梳理。

以上各例均处于成都市的繁华闹市之中,形成传统与现代的对比与协调,它们与周边环境有机共生,形成城市中一个个有特色的"川西文化盘"①,实现了自然与人文的有机结合。此类模式值得推广,有地域特色的空间形态等有待进一步挖掘。

(3)人性化空间设计

创造宜人、多样的城市形态与风貌,应遵循以人为本的原则,关注人的存在与活动。规划设计城市空间时,要有意识地安排游憩功能,根据人性需求提供实用的公共设施。对于街道空间的塑造,应有宜人的尺度、多样的临街业态和空间,避免盲目追求大尺度,不考虑人们的行为心理。在园林绿化方面,应按照500 m的服务半径进行规划,使人人都有机会在短时间内步行到达绿色开敞空间。未来实现中心城区人均绿地面积25 m²/人,超过国家生态城市16 m²/人的标准,缩短与国际平均水平36.4 m²/人的距离。至于滨水空间的营造,要求能提供亲水、休憩、观赏等功能,形成城市的特色空间和人性化场所。

综上所述,新时期成都的城市风貌建设应将名城的现状特征和城市的未来发展目标加以综合考虑,体现地域性,树立城市形态的人文观,保持传统水系特征,从城乡风貌、道路格局、水体文化、建筑风格、绿化景观等方面入手,使整个环境风貌达成统一和谐,塑造生态化的"文物森林",实现对历史古城的文化与生态保护规划。

6.4.5 低碳设计

如今的成都市,已被大量的沥青混凝土硬质地面以及钢筋混凝土所堆砌的"建筑森林"所覆盖,疏松土壤骤减,非透水地面不断扩张。同时,中心城区的高度密集化影响了城市的气候条件,由此导致了城市"热岛效应"的产生,并且日趋严重,市中心尤为明显,通风状况差,大气污染物和热量长时间滞留在空气中,不易扩散。

现实条件下,城市形态发展必须提倡绿色低碳设计,减少碳消耗。首

---

① 此为本书从"川西林盘"联想而来。

先,设计力求有效利用地形地势、气候、土壤、水、植物等自然元素,提高生态系统自净能力和自我调节能力;其次,保持水土,增加水面,加强"植绿",努力引导和促进"城市风"的形成;第三,减少硬质地面,倡导采用可渗透地面,比如在城市车行道、人行道或居住小区等铺设可渗透的混凝土路面或者地砖,从而有效缓解城市的热岛效应。

世界上有50%的资源是用于建筑的,且建筑的CO_2排放量在城市CO_2的排放总量中约占一半,远高于其他领域。这是由于建筑的形式、材料、空间组织、采光通风、设备与结构系统等等,都会直接影响到整个运行系统的能耗水平[①]。由此可看出,建筑在全球气候治理问题上的重要性。继而先后出现了"生态仿生建筑""覆土建筑""节能建筑""被动式建筑""零能源住宅"等低碳化的设计理念。

建筑是城市的主要组成部分,因此,建筑的低碳与节能设计,会影响到整个城市形态的空间环境质量。鉴于此,成都可采取以下策略来实现节能减排:

策略一:"设计结合自然"。充分利用太阳能、风能等进行群体空间及建筑空间设计,并注意朝向和对新能源的开发利用。成都的静风频率高,夏季尤其需要利用自然通风来改善室内小气候。

策略二:结构与形式合理化。合理布置建筑群平面,以形成风循环的有利环境。建筑单体设计的要求是:安全、美观、经济,减少复杂的建筑体形,力求简洁又不失特点。同时,加大建筑进深也利于节能。

策略三:低碳材料使用。应选取具有保温隔热效果的材料,也可有效利用当地材料,可降低材料的运输成本,从而达到低碳效果。另外,尽量使用可再生材料,如金属、高炉渣等可回收再产的环保建材。

策略四:屋面及立体绿化技术运用。这对于降低热岛效应十分有效。

策略五:智能与生态节能技术并用。利用此技术进行系统的通风、发电、制冷和制热设计,还可充分利用水资源或地源热泵系统等来支持空调系统的运转,从而达到高效、节能、减排的目的。

---

① 黄光宇,陈勇.生态城市理论与规划设计方法[M].北京:科学出版社,2002.

7 结 论

7.1 主要研究结论

"后工业时代",从城市形态的外部特征来看,块型、组团型、带型、指型或群组型等模式中的任何单一的形态,都无法完全实现未来城市形态的可持续发展。虽然这些形态模式的最初选择,在很大程度上是源于所处的自然地理与环境条件,但是,当前同样面临城市集约紧凑发展的需求,面对资源与生态环境的约束,这就对城市形态的环境、内部功能、社会与经济的发展提出了生态可持续发展的要求。

本书立足于生态的视角,通过对城市形态相关理论的梳理,借助生态学、城市形态学、环境学、地理学、人文社会学、城市经济学、系统论、景观学、建筑学等多学科理论,并结合实地调研与分析研究,综合得出以下论点:

(1)"城市形态"的概念是在一定时期内,城市的物态环境所显示出来的几何、物理、生态等物质性要素特征(基础形态),以及人类活动作用于城市物态环境而通过城市物质性要素显现(折射)出来的城市政治经济、社会文化的非物质特征(上层形态)的总和。

(2)成都城市形态发展演变中主要呈现出空间扩展规律、内部结构演替规律、路网演变规律以及自组织演化规律等四大规律。

(3)由数理计算分析得出,成都市综合可持续发展存在着较为明显的不均衡性。准则层的三大体系中,生态环境与资源的可持续发展指数最低,社会的可持续发展指数次之。因此,必须使资源环境得以保障,并不断促进社会发展,以提升成都城市形态可持续发展的综合能力。

(4)成都城市形态可持续发展的目标是,借助生态学理念创建生态田园绿都,同时科学合理地选择集中式分散(轴向拓展)以及多中心构建(城市组团)的形态发展模式。

(5)成都城市形态可持续发展的规划途径通过以下几点实现:循环经济下的产业新空间扩展、蓝绿交织的城乡融合、绿色交通走廊的系统架构、城市风貌多样化塑造和低碳设计等。

　　总之,成都城市形态的未来发展应选择绿色、集约、多核心、组团式、区域化的城市模式,创建具有川西自然景观特色的生态田园绿都,从而实现高效、低碳、人性化的可持续性城市形态。

7.2　主要贡献

　　本书研究的主要贡献有以下几个方面:

　　(1) 在总结众多关于城市形态定义的基础上,对城市形态的概念进行了重构。

　　(2) 从生态的视角,分阶段、系统地分析了成都城市形态演变的生态进程。

　　(3) 根据历史脉络,总结归纳出成都城市形态发展在空间扩展、内部结构、路网等多方面的演变规律,分析生态与资源环境在这些规律中的作用,以及探索当前城市形态发展的动力机制变化状况。

　　(4) 运用不同的计量分析法以及对比法,分析成都城市形态的紧凑度,动态掌握成都城市形态的空间扩展趋势。

　　(5) 创新性地提出城市形态可持续性评价的指标体系,结合特尔菲法和层次分析法等数理统计法进行计算和验证分析,并对比成都不同年份的指标数据结果,分析其可持续性及存在的问题,对成都城市形态的可持续发展能力进行综合评价。

　　(6) 对两种不同建设集约度(集约化和分散化)的城市发展模型进行图形与数据的对比研究,对未来成都城市的发展模型、人口规模进行假设求证,并通过演绎法对该城市形态模型进行可行性评估;并且运用 SketchUp 软件建模进行城市形态的空间虚拟;提出了相对优化的城市发展模型建议。

　　(7) 归纳总结了最新的城市形态发展相关理念,鉴于此,确定成都城市形态的生态构建原则,从绿色、集约、区域、能源的全局发展观,因地制宜地提出未来的成都城市形态的可持续发展模式,并建立基于生态观的成都城市形态的可持续性规划策略。

　　时至本文驻笔,倍感研究能力和时间的有限,必存不足之处,有些方面的研究还有待进一步展开,今后将继续做更为深入的探讨。敬请各位专家、学者批评指正。

参 考 文 献

专(译)著

［1］Brotchie John. The Future of Urban Form[M]. New York:Antony Rowe Ltd. , 1985.

［2］Breheny M. Sustainable Development and Urban Form[M]. London: Pion，1992.

［3］Conzen M R G. Thinking about Urban Form: Papers on Urban Morphology(1932—1998)[M]. Oxford:Peter Lang, 2004.

［4］Haughton G, Hunter C. Sustainable Cities[M]. London: Jessica Kingsley，1994.

［5］A E J Morris. History of Urban Form, Prehistory to the Renaissance[M]. New York:John Wiley and Sons，1974.

［6］Leslie Forsyth. Designing the City:Towards a More Sustainable Urban From[J]. Journal of Urban Design，2000(1):18-23.

［7］T L Saaty. The Analytic Hierarchy Process[M]. New York: McGraw-Hill Inc. , 1980.

［8］[英]迈克·詹克斯,伊丽莎白·伯顿,凯蒂·威廉姆斯.紧凑城市——一种可持续发展的城市形态[M].周玉鹏,等,译.北京:中国建筑工业出版社,2004.

［9］黄亚平.城市空间理论与空间分析[M].南京:东南大学出版社,2002.

［10］齐康.城市环境规划设计与方法[M].北京:中国建筑工业出版社,1997.

［11］武进.中国城市形态:结构、特征及其演变[M].南京:江苏科学技术出版社,1990.

［12］林凌,陈永忠.城市百科辞典[M].北京:人民出版社,1993.

［13］段进.城市空间发展论[M].南京:江苏科学技术出版社,2006.

[14] 赵和生. 城市规划和城市发展[M]. 南京:东南大学出版社,2000.

[15] 周霞. 广州城市形态演进[M]. 北京:中国建筑工业出版社,2005.

[16] 熊国平. 当代中国城市形态演变[M]. 北京:中国建筑工业出版社,2006.

[17] 张京祥. 西方城市规划思想史纲[M]. 南京:东南大学出版社,2005.

[18] 段进,邱国潮. 空间研究 5:国外城市形态学概论[M]. 南京:东南大学出版社,2009.

[19] 刘贵利. 城市生态规划理论与方法[M]. 南京:东南大学出版社,2002.

[20] 马道明. 城市的理性——生态城市调控[M]. 南京:东南大学出版社,2008.

[21] 杨小波,吴庆书. 城市生态学[M]. 北京:科学出版社,2000.

[22] 俞孔坚. 景观:文化、生态与感知[M]. 北京:科学出版社,1998.

[23] 罗小未. 外国近现代建筑史[M]. 北京:中国建筑工业出版社,2004.

[24] [美]凯文·林奇. 城市意象[M]. 方益萍,何晓军,译. 北京:华夏出版社,2001.

[25] 刘捷. 城市形态的整合[M]. 南京:东南大学出版社,2004

[26] [英]伊恩·伦诺克斯·麦克哈格. 设计结合自然[M]. 黄经纬,译. 天津:天津大学出版社,2006.

[27] 陈泳. 苏州古城结构形态演化研究[M]. 南京:东南大学出版社,2006.

[28] 陈易. 城市建设中的可持续发展理论[M]. 上海:同济大学出版社,2003.

[29] 郑锋. 可持续城市理论与实践[M]. 北京:人民出版社,2005.

[30] 《成都》课题组. 成都(当代中国城市发展丛书)[M]. 北京:当代中国出版社,2007.

[31] 王建国. 现代城市设计理论和方法[M]. 南京:东南大学出版社,2001.

[32] 应金华,樊丙庚. 四川历史文化名城[M]. 成都:四川人民出版社,2000.

[33] 阳正太. 天府蜀都·成都卷[M]. 北京:中国人民大学出版社,1993.

[34] 陶武先,王荣轩. 成都五十年[M]. 北京:中国统计出版社,1999.

[35] 《中国城市综合实力五十强丛书·成都市》编委会. 成都市[M]. 北京:中国城市出版社,1995.

[36] 孙卫瑄. 成都市志·城市规划志[M]. 成都:四川辞书出版社,1998.

[37] 郭元晞. 四川城市改革十年[M]. 成都：四川省社会科学院出版社，1989.

[38] 《当代中国》丛书编辑部. 当代中国的四川(上)[M]. 北京：中国社会科学出版社，1990.

[39] 《当代中国》丛书编辑部. 当代中国的四川(下)[M]. 北京：中国社会科学出版社，1990.

[40] 董鉴泓. 中国城市建设史[M]. 北京：中国建筑工业出版社，2004.

[41] 邓全忠. 成都城市发展报告(2002—2004 年)[M]. 成都：四川人民出版社，2005.

[42] 戴宾. 成都：现实与未来[M]. 成都：西南交通大学出版社，2006.

[43] 成都市地方志编纂委员会. 成都概览[M]. 成都：成都时代出版社，2009.

[44] 陈秉钊. 当代城市规划导论[M]. 北京：中国建筑工业出版社，2003.

[45] 黄光宇，陈勇. 生态城市理论与规划设计方法[M]. 北京：科学出版社，2002.

[46] 朱喜钢. 城市空间的集中与分散论[M]. 北京：中国建筑工业出版社，2002.

[47] 董国良，张亦周. 节地城市发展模式——JD 模式与可持续发展城市论[M]. 北京：中国建筑工业出版社，2006.

[48] 姜涛. 西欧 1990 年代空间战略性规划(SSP)研究——案例、形成机制与范式特征[M]. 北京：中国建筑工业出版社，2009.

[49] 吴良镛. 京津冀地区城乡空间发展规划研究[M]. 北京：清华大学出版社，2002.

[50] 丁成日，宋彦. 城市规划与空间结构——城市可持续发展战略[M]. 北京：清华大学出版社，2005.

[51] 殷京生. 绿色城市[M]. 南京：东南大学出版社，2004.

[52] 赵成根. 国外大城市危机管理模式研究[M]. 北京：北京大学出版社，2006.

[53] 王如松，周启星，胡聃. 城市可持续发展的生态调控方法[M]. 北京：气象出版社，2000.

期刊论文

［１］邓述平.21世纪中国城镇发展需要研究的问题［J］.规划师,1999
（2）:21.

［２］郑莘,林琳.1990年以来国内城市形态研究述评［J］.城市规划,2002
（7）:59-64.

［３］谷凯.城市形态的理论与方法——探索全面与理性的研究框架［J］.城
市规划,2001(12):36-41.

［４］王宁.组合型城市形态分析——以浙江省台州市为例［J］.经济地理,
1996(2):32-37.

［５］苏毓德.台北市道路系统发展对城市外部形状演变的影响［J］.东南大
学学报(自然科学版),1997(3):46.

［６］王农.城市形态与城市文化初探［J］.西北建筑工程学院学报,1999
（3）:25-29.

［７］段进.城市形态研究与空间战略规划［J］.城市规划,2003(2):45-48.

［８］沈清基.自然与人类命运的深刻思考——Daniel R. White的《后现代
生态学》评介［J］.城市规划汇刊,2003(1):91-94.

［９］邵波,洪明.对平原地区城市形态特征与结构及其规划对策的探讨
［J］.经济地理,2005(4):499-501.

［10］何一民.长江上游城市文明的兴起——论成都早期城市的形成［J］.中
华文化论坛,2002(2):33-39.

［11］段渝,邹一清.成都城市史论述［J］.成都文物,2004(3):9-15.

［12］毕凌岚,锺毅.成都历史文化内脉及保护建设浅析［J］.华中建筑,2002
（1）:36-37.

［13］董云帆.蜀墟商木源头远——成都城市空间历史模式初探［J］.四川建
筑,2000(4):9-10.

［14］陈岚,曾坚,周波.成都城市空间形态的生态进程与可持续发展研究
［J］.建筑学报,2009(12):14-17.

［15］郑小明.成都的城市景观——传统与未来［J］.城市道桥与防洪,2003
（7）:1-4.

［16］陈岚,杨祥.成都城市空间形态的演进规律分析［J］.山西建筑,2009

(8):5-6.

[17] 朱巍. 成都市城市交通与城市空间结构整体优化研究[J]. 现代城市研究,2005(5):22-28.

[18] 王开泳,肖玲. 城市空间结构演变的动力机制分析[J]. 华南师范大学学报(自然科学版),2005(1):116-122.

[19] 石崧. 城市空间结构演变的动力机制分析[J]. 城市规划汇刊,2004(1):50-52.

[20] 房国坤,王咏,姚士谋. 快速城市化时期城市形态及其动力机制研究[J]. 华南师范大学学报(自然科学版),2009(2):40-43.

[21] 王建华. 城市空间轴向发展演变的动力机制分析[J]. 上海城市规划,2008(5):15-19.

[22] 祝娟. 成都发展总部经济的优势、现状和对策[J]. 西南金融,2007(7):14-15.

[23] 刘玉成. 论成都城市公共环境风貌特色[J]. 城乡建设,2001(9):18-19.

[24] 蒋冬梅. 浅析成都平原上城市群的形成和发展[J]. 康定民族师范高等专科学校学报,2004,13(4):86-89.

[25] 刘祯贵. 对成都城市景观建设的思考[J]. 成都经济发展,2005(3):10-12.

[26] 刘婧,张培,孙峻峰. 成都城市绿地系统规划研究[J]. 成都大学学报(社科版),2007(3):54-56.

[27] 黄雪菊,孙辉,唐亚. 城市化背景下成都市水资源安全及可持续发展[J]. 世界科技研究与发展,2004(10):74-78.

[28] 陈蔚镇,郑炜. 城市空间形态演化中的一种效应分析——以上海为例[J]. 城市规划,2005(3):16-21.

[29] 林炳耀. 城市空间形态的计量方法及其评价[J]. 城市规划汇刊,1998(3):31-34.

[30] 王新生,等. 中国城市形状的时空变化[J]. 资源科学,2005(3):20-25.

[31] 薛莹莹,沈茂英. 成都市人口分布与区域经济协调发展研究[J]. 西北人口,2009(2):84-87.

[32] 王磊,李兵. 基于改进生态足迹模型的成都市可持续发展状况分析[J]. 四川环境,2009(4):69-73.

[33] 高红丽.成都市实施交通拥挤收费可行性分析[J].交通企业管理, 2007(12):35-36.

[34] 李伟,陈国阶.成都市可持续发展的综合评价[J].四川师范大学学报 (自然科学版),2000(4):440-442.

[35] 刘渝琳.重庆市可持续发展指标体系的设计和评价[J].城市环境与城 市生态,1999(4):30-32.

[36] 徐梅.成都城市可持续发展能力的综合评价[J].社会科学家,2007 (6):66-70.

[37] 姚建,等.成都市可持续发展模拟与调控[J].山地学报,2000 (5):474-480.

[38] 刘晓琼,刘彦随.基于AHP的生态脆弱区可持续发展评价研究[J]. 干旱区资源与环境,2009,23(5):19-23.

[39] 杨培峰,蔡云楠.基于自然生态视角的城市空间发展研究——以成都 城市为例[J].城市规划年会论文集,2004:582-587.

[40] 李博,宋亚楠,杨冰冰,等.沈阳市生态环境质量评价研究[J].沈阳师 范大学学报(自然科学版),2009,27(3):373-377.

[41] 盛周君,孙世群,倪小东,等.安徽省生态环境质量评价[J].安徽农业 科学,2007,35(31):9991-9992,10000.

[42] 周华荣.新疆生态环境质量评价指标体系研究[J].中国环境科学, 2000,20(2):150-153.

[43] 李芸.现代城市形态规划理念的转型取向[J].社会科学研究,2002 (1):112-116.

[44] 吴志强.世博会构建"正生态"城市概念[J].地理教学,2006(7):44.

[45] 杨振山,蔡建明.国外多中心规划理念与发展经验对中国的借鉴作用 [J].国际城市规划,2008,23(4):71-77.

[46] 刘新华."二十一世纪城市建设与环境成都国际大会"通过的《成都宣 言》提出城市发展方略[N].中华建筑报,2000-10-24(009).

[47] 王以邃.基于系统理论的城市形态复杂性探索[J].山西建筑,2005,31 (11):10-11.

[48] 戴宾.成渝经济区:成都、重庆共同发展的历史契机[J].学术动态(成 都),2004(1):1-3.

[49] 张樵,曾九利.对成都城市空间格局的思考[J].规划师,2006,22(11):

31-33.

[50] 仇保兴. 紧凑度和多样性——我国城市可持续发展的核心理念[J]. 城市规划,2006(11):18-24.

[51] 诸大建. 从国际大都市的空间形态看上海的人口与发展[J]. 城市规划汇刊,2003(4):30-33.

学位论文.

[1] 王飞儿. 生态城市理论及其可持续发展研究[D]. 杭州:浙江大学,2004.

[2] 罗佩. 深圳城市形态演进研究[D]. 广州:中山大学,2007.

[3] 邰艳丽. 东北地区城市空间形态研究[D]. 长春:东北师范大学,2004.

[4] 杨培峰. 城乡空间生态规划理论与方法研究[D]. 重庆:重庆大学,2002.

[5] 刘昌寿. 城市生态现代化:理论、方法及案例研究[D]. 上海:同济大学,2007.

[6] 熊国平. 90 年代以来中国城市形态演变研究[D]. 南京:南京大学,2005.

[7] 胡锡琴. 西部地区生态环境建设与可持续发展研究[D]. 成都:成都理工大学,2002.

[8] 刘德生. 城市可持续发展研究与实证分析[D]. 天津:河北工业大学,2002.

[9] 曹坤梓. 城市化进程中山地城市空间形态演进与发展研究[D]. 重庆:重庆大学,2004.

[10] 王静芬. 城市形态及其发展趋势——以呼和浩特为例[D]. 呼和浩特:内蒙古师范大学,2004.

[11] 冯文兰. 成都市景观格局分析与景观生态规划[D]. 成都:四川大学,2004.

[12] 徐鹏. 城市形态与城市可持续发展问题研究[D]. 上海:同济大学,2004.

[13] 张雯. 城市空间结构的可持续发展研究——以上海为例[D]. 上海:同济大学,2002.

［14］王小雁.我国大众体育生态环境可持续发展研究［D］.长沙：湖南师范
　　　大学，2013.

其他资料.

［1］成都市规划设计研究院.成都市城市空间发展战略研究·专题研究
　　　［Z］,2003.
［2］广州市城市规划勘测设计研究院.成都市城市空间发展战略研究
　　　［Z］,2003.
［3］中国城市规划设计研究院.成都市城市空间发展战略研究［Z］,2003.
［4］成都市规划管理局.成都市城市总体规划（2008—2020）［Z］.
［5］成都市规划管理局.“世界现代田园城市”规划纲要［Z］,2010.
［6］成都市规划管理局（赵钢）.世界现代田园城市［Z］,2009.
［7］成都市人民政府.成都年鉴［Z］,1980—2015.
［8］四川省统计局,四川调查总队.四川省统计年鉴［Z］.北京：中国统计
　　　出版社,1980—2015.
［9］成都市旅游局.成都市旅游业发展第十一个五年规划［Z］,2006.

网上资料.

［1］蓝天园林.城市形态的塑造［EB/OL］.http://www.blue-skyland-
　　　scape.com/view/news.php? func＝detail&detailid＝67&catalog
　　　＝0302.
［2］艾振华.“可持续发展”思想形成的历史背景［EB/OL］.http://www.
　　　jxteacher.com/360222008002240008/column45857/4fbff935-bff1-4640-
　　　a933-5db084bd42cb.html.
［3］http://www.dlgw.net.
［4］http://baike.baidu.com.
［5］http://www.wbiyelunwen.com.
［6］http://cimg20.163.com.
［7］谢宝富.推进国家治理现代化亟待精简政府层级［EB/OL］.http://
　　　news.ifeng.com/a/20140911/41940814_0.shtml.

［8］成都日报. 我市乡镇行政区划调整方案将于近日开始实施［EB/OL］.
　　　http：//news. sina. com. cn/o/2004-09-10/06203634289s. shtml.

［9］http：//audreyllj. blog. 163.

［10］http：//ngmchina. com. cn.

［11］http：//www. upla. cn.

［12］http：//www. jxdmw. com.

［13］http：//bbs. news. 163. com.

［14］九妹谈设计. 成都市府南河河道综合整治［EB/OL］. http：//www.
　　　douban. com/note/311235225/.

［15］http：//www. chd. cei. gov. cn.

［16］刘金苹. 成都高新技术产业开发区［EB/OL］. http：//www. people.
　　　com. cn/GB/54918/55146/55436/4162727. html.

［17］http：//www. cdqss. com.

［18］李庆. 成都市近期建设规划(2011—2015)出炉 4 年后出行更多选择公
　　　共交通［EB/OL］. http：//sichuan. scol. com. cn/cddt/content/2011-
　　　11/01/content_3050715. htm? node＝965.

［19］http：//www. paper. edu. cn 中国科技论文在线.

［20］马兰. 成都 2015 年旅游工作目标：实现总收入 1 930 亿元［EB/OL］.
　　　http：//news. chengdu. cn/content/2015－03/04/content _ 1737825.
　　　htm? node＝1760.

［21］唐春. 新型城镇化，宜居放首位［EB/OL］. http：//news. ifeng. com/
　　　gundong/detail_2013_08/16/28688118_0. shtml.

［22］刘祯贵. 关于新型城镇化下成都城市文态建设的思考［EB/OL］. ht-
　　　tp：//www. sc. cei. gov. cn/dir1009/170265. htm.

［23］http：//house. sina. com. cn.

图 表 附 录

图片附录

表格附录

后　记

　　本书是在本人博士学位论文基础上稍加修改而成。在当前城市发展的快速进程中，此课题的研究具有动态性和持续性。本书的写作仅为一种尝试，由于笔者的学术水平和能力有限，遗漏和谬误在所难免，敬请各位读者指正。

　　书稿得以完成，首先要衷心感谢我的导师曾坚教授，我有幸师从老师名下，度过了充实的博士生学习阶段。论文的选题对于我来说是一个新领域，在研究阶段遇到了不少疑难问题，是曾老师的悉心指导和帮助，使这些问题迎刃而解。由衷地感谢曾老师在整个论文写作的过程中给予的耐心指导和鼓励。先生的言传身教、严谨治学的态度与精神，以及渊博的学识，令人敬佩，这将使我受益终身。

　　感谢天津大学建筑学院的邹德侬教授、董西红等老师的无私帮助和众位同窗好友的真诚鼓励与关怀。也感谢四川大学建筑与环境学院的领导、同事和学生们对我的帮助与支持。

　　特别感谢成都市规划管理局的各位领导和工程师们给予我的热情帮助与支持，这使我的写作能得以深化和完善。

　　感谢始终对我关怀备至的家人，是他们的鼓励、支持和无私的爱给予我信心和动力，使我能够圆满地完成写作。

　　最后，感谢东南大学出版社的宋华莉等编辑为本书的出版发行所付出的辛劳。

陈　岚

2016 年 11 月 2 日于四川大学